150 astuces budget

Éditions Eyrolles
61, Bd Saint-Germain
75240 Paris Cedex 05
www.editions-eyrolles.com

Mise en pages : Istria
Illustrations : Bénédicte Beaujouan

ISBN : 978-2-212-54008-6

Marina Marcout

Inès Matsika

150 astuces budget

EYROLLES

Sommaire

Avant-propos

Félicitations ! Vous avez choisi de vous marier. Vous êtes romantique et vous souhaiteriez « vivre d'amour et d'eau fraîche » ! Ah si seulement c'était possible... Cependant, l'organisation d'un tel événement nécessite non seulement du courage, de l'imagination, mais surtout de l'argent. Et, pour l'instant, les billets ne poussent pas sur les arbres, tous les joueurs qui ont tenté leur chance n'ont pas remporté la grosse cagnotte et l'héritage du vieil oncle d'Amérique tarde à arriver. Rassurez-vous, il est tout à fait possible de célébrer le mariage de vos rêves sans vous ruiner, à condition de connaître quelques ficelles.

Spécialistes en la matière, nous avons rassemblé plus d'une centaine d'astuces. Vous trouverez également des réalisations à faire vous-même et de nombreuses adresses qui sauront être tendres avec votre porte-monnaie !

À tous les amoureux qui vont se dire « oui », nous souhaitons d'inestimables moments de bonheur !

Quelle dépensière êtes-vous ?

Test

Il faut le savoir, on gère le budget de son mariage comme on gère son compte en banque : avec une grande rigueur ou avec beaucoup de légèreté. Pour éviter de reproduire les mêmes erreurs, répondez le plus honnêtement possible à ces questions. Vous découvrirez votre profil de dépensière et des conseils pour l'adapter à la situation. L'enjeu : établir un budget de mariage équilibré, sans oublier de s'amuser.

Vous recevez votre dernier relevé de compte :

A vous l'ouvrez sans tarder et procédez aux vérifications, chéquiers et reçus de CB à l'appui.
B vous le parcourez rapidement des yeux et vous assurez qu'il n'y ait pas de surprise dans le solde.
C vous le jetez dans la pile du courrier indésirable.

Juste après Noël (et donc le compte en banque à sec), vous passez devant une superbe boutique de vêtements :

A vous ne vous arrêtez pas. Un moyen imparable pour éviter toute tentation !
B vous entrez dans la boutique et repérez les articles à acheter en soldes.
C vous ne résistez pas et vous vous offrez deux ou trois tenues. Après tout, on n'est jamais mieux servie que par soi-même !

Une amie vous propose de partir à New York au mois de juillet :

A vous refusez tout net et lui suggérez de partir en Tunisie.
B vous acceptez à condition de trouver un billet dégriffé.
C vous faites vos valises sans réfléchir. Il y aura toujours une solution pour financer le voyage !

Pour vous, le week-end idéal, c'est :

- **A** traîner à la maison en jogging et se faire une orgie de DVD.
- **B** rassembler quelques copines pour un ciné, un théâtre ou un bon restaurant.
- **C** faire un marathon shopping jusqu'à fermeture des portes.

De quelle héroïne de télévision vous sentez-vous la plus proche ?

- **A** Monica de *Friends*.
- **B** Laura Ingalls de *La Petite Maison dans la prairie*.
- **C** Gabrielle de *Desperate Housewives*.

Vous attendez votre deuxième enfant :

- **A** Vous avez tout conservé du premier. C'est au moins deux ans de tranquillité.
- **B** Vous craquez pour quelques ensembles, mais la base sera celle de l'aîné(e).
- **C** Vous dévalisez les boutiques. Votre devise : à chaque enfant, sa garde-robe.

Vous emménagez dans un nouvel appartement :

- **A** vous décorez votre maison à l'identique.
- **B** vous vendez sur une brocante les meubles les plus anciens pour racheter du neuf.
- **C** c'est l'occasion rêvée de refaire toute la déco, version « Maison française ».

MP3, ANO... tous ces produits de haute technologie sont pour vous :

- **A** des gadgets sans importance qui se dévalorisent à vitesse grand V.
- **B** des objets utiles à votre confort personnel et professionnel.
- **C** des produits indispensables à renouveler d'urgence dès qu'une nouveauté se présente !

Résultats du test

Profil A

Vous n'avez pas un, mais deux (voire trois) comptes en banque dont vous connaissez le solde au centime près. Pas de place pour le superflu. L'argent gagné est utilisé pour les besoins quotidiens et pour prévoir les lendemains qui déchantent. Vous faire plaisir ? Bien sûr, mais sans excès et dans les limites prévues.

Vous saurez tenir à la perfection votre budget de mariage en allant à l'essentiel. Mais, n'oubliez pas qu'il s'agit d'un événement particulier et qu'il faut dégager les moyens nécessaires pour le rendre unique ! À vous de trouver la manière de bien fêter sans pour autant trop vous priver.

Profil B

Le plaisir, oui, mais pas à tout prix ! Vous ne vivez pas au-dessus de vos moyens et savez vous arrêter avant de franchir la ligne rouge. Bête de mode, amoureuse de décoration et de technologie, vous mixez avec intelligence les bons plans et les produits de marque.

Adoptez la même attitude pour votre budget de mariage en investissant dans les domaines qui vous tiennent à cœur (une belle salle de réception, une robe de créateur, des fleurs originales...) et en traquant la bonne affaire pour les autres postes de mariage.

Profil C

Profiter de la vie à chaque instant sans se soucier du lendemain, c'est votre credo. Naturellement, vous ne vous refusez rien. Tout est bon pour assurer votre bien-être : soins en institut, week-end à la mer, virée shopping entre copines. Et peu importe si les fins de mois sont difficiles.

Si le mariage est une vraie partie de plaisir, en revanche, il ne doit pas devenir un gouffre financier qui risquerait de vous plomber pendant plusieurs années. Astreignez-vous à un minimum de rigueur en étant très claire sur vos possibilités et limitez-vous à cela. Si l'exercice est vraiment trop difficile, déléguez la tenue du budget à votre cher et tendre et assistez-le. Vous en prendrez peut-être de la graine pour votre future vie commune !

Votre budgéteur

Afin de vous faciliter la tâche et de ne pas vous emmêler les euros, n'hésitez pas à remplir au fur et à mesure ce tableau. Ainsi, vous n'oublierez aucun poste de dépenses et pourrez contrôler l'évolution de votre porte-monnaie.

Postes	Coût	Total
Alliance (avec ou sans gravure)		
Cérémonie		
Civile : le contrat de mariage		
Religieuse : le don à l'officiant		
		Sous-total
***Wedding planner* (facultatif)**		
Réception		
La salle		
La location de matériel (chaise, table, tente, vaisselle...)		
Le traiteur		

.../...

Les serveurs		
Les boissons		
		Sous-total
Tenues et beauté		
Pour mademoiselle		
Tenue civile		
Robe de mariée		
Accessoires (voile, gants, sac, chapeau, chaussures)		
Maquillage		
Coiffure		
Divers		
Pour monsieur		
Tenue civile		
Costume de marié		
Accessoires (chaussures, lavallière, chapeau, boutonnière…)		
Coiffure		
Pour le cortège		
Tenues de filles		
Tenues de garçons		
Accessoires (paniers, rubans, chaussures…)		
		Sous-total
Faire-part		
Cartons		
Enveloppes		

Timbres		
		Sous-total

Décoration

Fleurs		
Cérémonie civile : bouquet de la mariée		
Cérémonie religieuse : bouquet de la mariée		
Fleurs du cortège		
Décoration de la mairie		
Décoration du lieu de culte		
Décoration de la salle de réception (centres de table, buffets, chaises, murs...)		
Décoration de la voiture		
La salle		
Bougies		
Guirlandes		
Divers		
		Sous-total

Animation

Cérémonie civile		
Cérémonie religieuse		
Vin d'honneur		
Réception (DJ, orchestre...)		
Location de la voiture (arrivée de la mariée puis transport des mariés)		
Photographe		

.../...

Vidéaste		
Appareils photos jetables		
Divers (clown, feux d'artifice, magicien, danseurs...)		
Baby-sitter		
		Sous-total
Invités		
Cadeaux pour les témoins		
Cadeaux pour les autres invités		
Logement et frais de transport		
Repas de lendemain de mariage		
Cartes de remerciements		
		Sous-total
Lune de miel		
Nuit de noces		
Voyage de noces		
		Sous-total
		TOTAL

Les règles en or pour apprendre à mieux dépenser

Certes, le mariage doit être l'un des plus beaux jours de votre vie, mais il serait dommage qu'il engendre des dépenses exorbitantes. Vous risqueriez de traîner des dettes monstrueuses pendant des années. C'est pourquoi nous n'encourageons pas les futurs mariés qui envisageraient de contracter un emprunt. Voici un rappel de certains principes à retenir.

Faire la différence entre arrhes et acompte

Les arrhes : en général, on demande de verser à l'avance de 20 à 50 % du coût total de la prestation, mais, ils ne représentent pas un engagement définitif. En cas de désistement de votre part, vous les perdrez, mais n'aurez pas à régler le reste. En revanche, si le professionnel annule son engagement, il doit vous redonner le double de la somme versée.

Un acompte : c'est un premier versement à valoir sur l'achat de la prestation et le montant varie selon les professionnels. Il représente un engagement ferme et définitif des deux parties. En cas de désistement, la partie victime de cette annulation pourra non seulement garder ou récupérer la somme versée, mais sera en droit de réclamer des dommages et intérêts.

Il est donc préférable de verser des arrhes.

Savoir lire un devis

Pensez à vérifier plusieurs choses :

- La date de validité des prix proposés. Parfois, les tarifs peuvent augmenter d'une saison à l'autre.
- La mention de la TVA.
- Les modalités de paiement : versement des arrhes ou d'un acompte, puis le règlement du solde.
- Clause d'annulation.
- Délai limite pour passer commande.

- Clause précisant la date limite de changement de formule ou d'ajout d'invités.
- Clause assurance en cas de casse, incendie, vol...
- Pour le traiteur, demandez un inventaire extrêmement détaillé : formule choisie, menu exact, nombre de couverts...
- Pour les boissons : inventaire exhaustif des crus et nombre de bouteilles. Précision du mode de facturation : que deviennent les bouteilles non consommées et non ouvertes ?
- Pour le personnel : son nombre, la fonction de chacun, son emploi du temps, coût en cas de dépassement horaire.

Réclamer une facture

- Exigez deux factures pour la nourriture et le personnel. Ces deux postes sont soumis à une TVA différente, même si le prestataire fournit les deux.

Apprendre à négocier

- Informez les prestataires d'un devis proposé par leurs concurrents.
- Proposez un marché : « Nous acceptons de signer pour la location de la salle et du matériel si vous ne nous facturez pas le service de ménage... »
- Utilisez aussi la formule magique : « Un petit geste commercial serait le bienvenu... »

Faire financer son mariage

Il est possible de faire financer votre réception par les autres... Et sans en avoir l'air ! Libre à chacun ensuite de juger si cette méthode est « classe » ou ne l'est pas...

Des sponsors

Après tout, si les *people* ne se gênent pas pour le faire, pourquoi pas vous ? En échange des services gracieux du photographe le jour J, ce dernier aura le droit de distribuer ses cartes de visite aux invités. En échange d'une pièce montée, le pâtissier fera mentionner ses coordonnées sur le menu...

Les invités

Demandez une participation financière. Cette méthode peut effectivement choquer, mais elle est parfois le seul moyen pour organiser une réception.

Un compte en banque particulier

Vous pouvez ouvrir un compte spécial sur lequel vos convives, au lieu d'acheter un cadeau, verseront une somme d'argent. Vous pourrez ainsi rembourser les frais avancés.

Vous n'osez pas ? Reste la cagnotte déposée devant l'entrée de la salle de réception.

1. Le faire-part

Ça y est ! Jules et vous allez convoler en justes noces. Votre première réaction ? Dégainer le portable pour annoncer la bonne nouvelle à tout votre répertoire, anciens amis et ex compris. Malheureuse ! Si la voie du SMS est sans conteste la plus rapide et la moins onéreuse pour faire part à la terre entière de votre prochain mariage, c'est aussi la plus inadaptée. Les traditions ont la peau dure : respectez donc certaines règles. Leçon numéro un : différenciez faire-part et invitation. Comme son nom l'indique, le faire-part sert à informer votre entourage que vous allez vous marier. S'y ajoute, pour les plus proches, l'invitation pour assister à la cérémonie, au vin d'honneur ou à la réception, voire aux trois pour les plus chanceux ! Leçon numéro deux : ne vous laissez pas emballer par les jolis papiers, les jolies enveloppes et les jolis timbres dont les prix sont souvent beaucoup moins sympathiques. Voici donc quelques astuces pour que vous ayez le plus original ou le plus élégant des faire-part sans pour autant plomber votre budget.

1 Pensez à envoyer les faire-part par adresse, et non par invité, sous un nom générique : Famille Untel, M. et Mme Untel, etc. Cela vous permettra d'économiser des timbres et des enveloppes.

2 Imprimez en même temps les faire-part et les cartons d'invitation pour avoir un prix dégressif. Profitez aussi de l'occasion pour commander les éventuels menus, les marque-places et les cartons de remerciements. Plus vous achetez en grande quantité, plus vous pouvez espérer un rabais !

Bon à savoir

150 € = prix moyen pour les faire-part et les enveloppes pour un mariage de 100 personnes.

3 Pour les cartons-réponse, prévoyez un coupon détachable et intégré au carton d'invitation au lieu d'une carte supplémentaire.

4 Délestez-vous du poids des traditions en concentrant le texte du faire-part sur un seul feuillet, au lieu de deux, beaucoup plus onéreux. En le pliant, chaque famille pourra se réserver un volet.

La mauvaise économie

Vous ne serez pas à l'abri de ratages en tout genre, surtout si les faire-part sont manuscrits. Sans compter les personnes mystérieusement oubliées et celles que l'on doit rajouter à la dernière minute. Prévoyez large en ajoutant au moins 5% de faire-part par rapport au nombre estimé d'invités.

5 Privilégiez l'encre noire, moins chère. Évitez aussi les invitations gravées et préférez les versions imprimées. Pour agrémenter vos cartons, jouez plutôt sur les différentes calligraphies.

6 Imprimez au verso du carton d'invitation le plan d'accès du lieu de cérémonie. En supprimant une feuille à glisser dans l'enveloppe, vous allégez son poids et donc le montant de l'affranchissement.

7 Pour l'envoi des faire-part, optez pour des enveloppes classiques à décorer vous-même avec des tampons encreurs, des paillettes ou de jolis timbres personnalisés. Cette fantaisie ne vous coûtera pas davantage qu'une oblitération lambda.

Céline

Ma meilleure amie est une jeune créatrice de mode. Son faire-part de mariage devait refléter sa passion. Je fus surprise de recevoir un tee-shirt blanc sur lequel était marqué au recto la date et le lieu de la cérémonie et au verso était dessiné un énorme cœur rouge. Le jour de la fête, ses plus proches amis portaient le fameux tee-shirt !

8 Vous pouvez aussi créer un blog de mariage avec de nombreuses informations : lendemain de mariage, plans détaillés... Vous éviterez ainsi de passer un nombre incalculable d'heures au téléphone et de ruiner votre forfait.

9 Ne torpillez pas cette belle initiative en achetant un papier trop cher (gaufré, de riz...). Un papier calque et un papier type Canson feront l'affaire.

10 Si la majorité de vos proches possèdent une adresse mail, créez un E-faire-part (de nombreux modèles sont proposés sur le Web) et envoyez-le par Internet. Envolé le coût du papier et de l'affranchissement !

11 Même si vous n'êtes pas la reine des loisirs créatifs, réalisez vous-même vos faire-part. Les moins aventureux s'aideront avec un logiciel spécialisé. Les autres écriront, couperont et dessineront avec leur cœur. Ne vous lancez pas dans des modèles trop compliqués. Un bout de raphia, de ruban ou encore une photo scannée suffisent à personnaliser le tout.

Des faire-part transparents et légers

Les fournitures

Pour 100 faire-part :

100 feuilles de papier calque coloré (A4)

100 feuilles de papier à lettres coloré (A4)

100 enveloppes en papier calque coloré

1 perforatrice en forme de cœur (ou autre motif)

1 perforatrice classique

Du ruban coloré (10 cm par faire-part)

1 feutre fantaisie

Vous prendrez plaisir à réaliser ces faire-part qui ne demandent aucun savoir-faire particulier. Soignez juste l'écriture du texte et trouvez la police idéale.

La réalisation

1 Écrivez le texte du faire-part à la main ou imprimez-le grâce à votre ordinateur.

2 Pliez la feuille en deux dans le sens de la largeur (comme un petit livre).

3 Faites des petits trous en forme de cœur le long du côté et en bas du papier calque. Conservez les petits cœurs.

4 Pliez le papier calque, puis superposez-le au papier coloré.

5 Faites un trou sur le côté de l'ouverture (côté opposé à la pliure).

6 Coupez 10 cm de ruban, passez-le dans le trou pour fermer l'ensemble avec un joli nœud.

7 Glissez le tout (petits cœurs compris) dans l'enveloppe de papier calque.

8 Écrivez ensuite l'adresse des invités à l'aide du feutre.

Quelques adresses

LES BONS PLANS

Copy Top

Une enseigne à laquelle on ne pense pas forcément pour faire imprimer ses faire-part. Et pourtant ! Ces professionnels vous réserveront des prix attractifs et… dégressifs. Idéal pour les grands mariages.

Tél. : 01 53 43 24 00
www.copytop.com

Fairepartdiscount

Difficile de faire moins cher avec des faire-part à partir de 0,20 € l'unité. On peut les personnaliser à l'envie sur le site et l'équipe se charge de les réaliser en 24 heures chrono !

www.fairepartdiscount.com

Monfairepart.com

Un très grand choix de faire-part de mariage qui se distinguent par la qualité de leur papier, vendus près de 30% moins cher qu'en boutique. Plusieurs avantages vous attendent : enveloppes offertes pour certains modèles, gratuité de la livraison en France, un prix unique d'impression quel que soit le nombre de faire-part commandé…

www.monfairepart.com

Le Faire-part

Des faire-part de qualité à des prix attractifs livrés gratuitement en France métropolitaine et dans les Dom.

www.le-faire-part.com

POUR TOUT FAIRE SOI-MÊME

L'art du papier

Tout le nécessaire pour réaliser vos faire-part : différents types de papier, tampons encreurs, rubans… Pour les débutants, des ateliers créatifs sont aussi organisés.

48, rue Vavin, 75006 Paris. Tél. : 01 43 26 10 12
16, rue Daunou, 75002 Paris.
Tél. : 01 42 61 70 64
www.art-du-papier.fr

Loisirs et Créations

On ne présente plus cette enseigne où l'on trouve tout le nécessaire pour réaliser des objets soi-même et qui dispose d'un rayon papeterie assez important. On y trouve aussi de très bons ateliers.

Tél. : 01 53 33 27 50
www.loisirsetcreation.com

L'Atelier de la sorcière verte

Un matériel important et des dizaines d'idées pour créer des faire-part originaux.

31, rue de la Clef, 59800 Lille.

Tél. : 03 20 12 07 06

HIGH-TECH

Le site du mariage

Découvrez le pack mariage qui permet de créer son site de mariage et son E-faire-part. À rendre attractif grâce à de nombreuses animations. Possibilité de tester gratuitement le site pendant une semaine.

Tél. : 01 41 92 92 41
www.le-site-mariage.com

Ageiro

Des faire-part à la pointe de la technologie sous la forme de CD-Rom (4,50 € les cent) pour annoncer de manière inattendue votre mariage.

Tél. : 01 47 88 80 15 / www.ageiro.com

Motechsms

Cette entreprise se charge d'envoyer en nombre et par SMS l'annonce de votre mariage (70 € les 500 envois)

www.smsdistrio.com

2. La salle de réception

Trouver la salle de réception est la préoccupation numéro un des futurs mariés. Et pour cause ! Il n'est pas évident de dénicher l'endroit idéal qui saura à la fois accueillir confortablement les invités et servir de piste de danse endiablée. Préparez-vous à vivre un véritable marathon et à y consacrer une bonne partie de vos week-ends. Comme vous êtes nombreux sur la ligne de départ, il est recommandé de prendre un tour d'avance en réservant un an, voir deux ans, avant le jour J. La meilleure façon de gagner du temps est de définir très clairement le style de salle que vous recherchez. Il dépendra de vos goûts, de votre façon de recevoir et surtout de votre budget. Autant le savoir tout de suite : la salle de réception est un des plus gros postes de dépenses du mariage. De nombreuses astuces existent pour alléger l'addition sans retirer de sa saveur à la réception. Fêtez malin ! Vous verrez, vous allez adorer.

Vous avez choisi de louer une salle

Voici une dizaine d'astuces qui vous aideront dans ce périple.

12 Oubliez le samedi et choisissez un autre jour de la semaine pour faire la fête, de préférence un vendredi. Vos invités seront ravis de leur week-end de trois jours. Vous aurez non seulement plus de facilité pour trouver une salle, mais vous pourrez également vous attendre à un rabais intéressant.

13 Décidez d'organiser une réception en dehors de la saison dite des mariages (de mai à septembre). Et pensez à une fête aux couleurs automnales ou hivernales. Non seulement l'idée est plus originale, mais c'est aussi l'occasion de faire des économies : jusqu'à 30 % de réduction par rapport au tarif habituel de location.

Bon à savoir

1 525 € = budget moyen pour la location d'une salle de réception.

14 Faites appel aux richesses de votre commune pour trouver un lieu de réception à un prix modique. Une salle des fêtes municipale, le réfectoire d'une école, un gymnase, les caves d'un musée, le cloître d'une église ou un entrepôt désaffecté pourront facilement accueillir vos convives. La décoration laisse à désirer ? Pas de panique ! Il ne tient qu'à vous de la transformer... *(cf. Chapitre 4 : la décoration).*

15 Ayez le réflexe « association » : il peut vous sauver la mise ! Certaines d'entre elles mettent à la disposition de leurs membres et pour une somme symbolique ou négociée certains de leurs lieux de rencontres. Amicales sportives, estudiantines, politiques, culturelles, de voisinage...

16 Pensez « monde du travail ». Qui sait, votre entreprise abrite peut-être de grandes salles de conférences ? Ou bien a-t-elle des accords particuliers avec des hôtels ou des restaurants particuliers pour les déplacements de son personnel ? Renseignez-vous auprès de votre CE ou prenez rendez-vous avec un membre de la direction. Votre boss ne pourra alors plus douter de votre implication dans la société !

La mauvaise économie

Remplacer le champagne par du mousseux peut alléger votre porte-monnaie, mais vous risquez de plomber l'ambiance de votre soirée avec des invités qui se plaindront d'avoir mal à la tête.

17 Il arrive parfois que la mairie ou le lieu de culte accepte de mettre à disposition une pièce attenante pour une heure ou deux, juste après la cérémonie. Cela pourrait vous permettre d'y organiser votre vin d'honneur. N'hésitez pas à en parler aux personnes responsables.

18 Exploitez l'extérieur et profitez de la nature en organisant un barbecue sur une plage, un pique-nique en forêt, un goûter dans une cour, un apéro champagne sur les quais, une dégustation dans un vignoble ou un méchoui dans une clairière... à condition que le temps le permette : un risque à prendre. Contactez les autorités compétentes pour avoir leur permission.

19 Si vous avez vos habitudes dans un restaurant et que les patrons vous connaissent plutôt bien, demandez-leur s'il est possible de privatiser l'établissement ou un étage pour votre réception. À vous de voir ensuite si vous souhaitez seulement profiter des murs ou aussi des talents de leurs cuistots.

20 Pour les mariages en petit comité, recherchez les restaurants qui font également boîte de nuit. Vous pourrez ainsi profiter de l'ambiance discothèque avec le DJ professionnel à moindre coût. Sachez seulement que vous devrez partager l'espace avec les autres clients et qu'un menu unique peut vous être imposé.

21 Avant de jeter votre dévolu sur un lieu, faites l'inventaire du matériel (chaises, tables, éclairages, tentes, parquets, sanitaires...) mis à votre disposition et compris dans le devis. Vous serez peut-être obligés de louer certaines choses, ce qui peut faire grimper rapidement la note.

La mauvaise économie

En n'embauchant pas de serveurs, vous risquez de passer votre journée à vérifier que tout le monde est bien servi et de répondre aux exigences des uns et des autres. Pensez plutôt aux élèves des écoles hôtelières pour assurer le service, ils vous coûteront moins cher.

22 Renseignez-vous sur les suppléments à prévoir en cas de dépassement de la durée de location convenue lors de la signature du contrat. Il faut parfois régler 20 % du prix de la location par heure dépassée !

23 Prévoyez toujours avec les propriétaires un endroit abrité, en cas de mauvais temps si vous envisagez de recevoir dehors. Cette précaution est à négocier au moment de la signature du contrat.

Vous avez choisi de recevoir à la maison

C'est déjà une grosse économie en soi, mais quelques pistes vont vous permettre d'optimiser cette solution.

24 Si vous ne disposez que d'un petit appartement, abandonnez l'idée d'y faire entrer 50 personnes. On doit pouvoir y circuler sans se cogner ni menacer de tout faire tomber. Vérifiez plutôt s'il y a dans votre entourage quelqu'un pour vous prêter un grand espace (loft, grange, voire même bureaux d'entreprise).

25 Sinon, limitez le nombre d'invités (on compte en moyenne un tiers de mètre carré par personne pour un buffet et un mètre carré pour un repas assis).

26 Vous avez la chance d'habiter dans un immeuble qui comprend une cour, un local libre ? Profitez de l'occasion pour investir les lieux ! Demandez une autorisation auprès des copropriétaires en précisant bien qu'il s'agit de votre mariage. Souvent attendris, ils seront ravis de vous donner leur aval. Proposez-leur, ainsi qu'aux autres habitants, de venir boire une coupe !

27 Au lieu de louer du matériel, demandez suffisamment à l'avance à vos proches de vous prêter des chaises et des tables. Faites en sorte de les regrouper un à deux jours avant le mariage pour éviter les mauvaises surprises.

Sylvia

Nous avons choisi d'organiser notre réception dans la maison de campagne de mes parents. Nous nous sommes arrangés pour faire les installations électriques nous-mêmes. Tout avait été prévu… sauf la panne de courant ! Nous nous sommes retrouvés dans le noir et sans bougie à disposition. Quelques invités ont eu l'idée d'avancer leur voiture sur la pelouse pour illuminer la tente avec les phares. Au petit matin, leurs batteries étaient hors d'usage !

28 Si vous manquez de tables, ne vous résignez pas à la location. Dégondez vos portes et mettez-les sur des tréteaux. Elles feront office de table. De même, si vos nappes sont trop petites, utilisez de grands draps, de préférence blancs et soigneusement repassées.

29 Si vous avez un jardin, économisez les tentes de réception et placez, si possible, les tables près des arbres ou abritées sous des parasols. Prévoyez des couvercles pour chaque plat et des bougies à la citronnelle… pour éloigner les moustiques et autres insectes.

Des panneaux de signalisation

Les fournitures

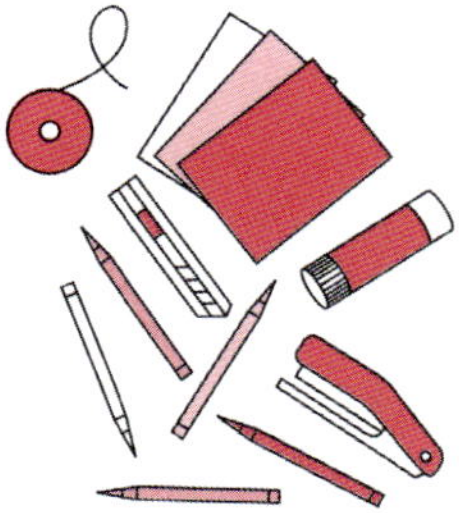

Pour 5 pancartes :

5 feuilles de papier cartonné A4 250g

5 feuilles de papier A4 160g blanches ou colorées

1 cutter

1 perforatrice

De la ficelle solide, mais de diamètre inférieur à celui de la perforeuse

1 stick de colle

Des feutres de couleurs

Vous avez choisi de recevoir chez vous et vous devez par conséquent préparer votre maison afin que vos convives ne s'égarent pas dans les couloirs. Quelques petites pancartes faciles à réaliser seront donc les bienvenues.

La réalisation

Sur chaque feuille blanche, dessinez ou écrivez de votre plus belle plume ce que vous souhaitez :

1. « Petit coin » pour les toilettes, « Vestiaires » ou le dessin d'un cintre pour la pièce où seront déposés les manteaux et vestes, « Interdit » pour les endroits où vous souhaitez que personne n'entre, « Enfants » pour la chambre où ils pourront se reposer ou regarder un DVD...
2. Collez chacune d'entre elles sur les feuilles cartonnées et découpez-les selon la forme et la taille souhaitées.
3. Perforez en haut et au centre deux trous, puis glissez-y une vingtaine de centimètres de corde.
4. Faites un petit nœud à chaque extrémité, mais laissez suffisamment de mou afin de pouvoir accrocher ces pancartes aux poignées des portes concernées.

Quelques adresses

TROUVER UN LIEU

L'annuaire des mairies de France

Pour retrouver en un clic les coordonnées de la commune de votre choix afin de connaître les lieux municipaux disponibles pour une réception.

www.annuaire-mairie.fr

Comité des parcs et jardins de France

Afin de demander l'autorisation d'organiser un pique-nique, connaître les lieux possibles de réception ou pour prendre des photos inoubliables.

Tél. : 01 53 85 40 40 / www.parcsetjardins.fr

Restaurateurs de France

Pour dénicher un restaurant de qualité qui ravira les papilles de vos invités.

Tél. : 01 53 00 14 03
www.restaurateursdefrance.com

Les gîtes de France

Selon le nombre d'invités, vous pouvez imaginer une fête champêtre dans un lieu intime et à prix doux. Vous pourrez même poursuivre les festivités pendant quelques jours.

www.gites-de-france.com

Le groupe Accor

Plus de 4 000 établissements dans le monde qui correspondent au budget de chacun. Rompu à l'art de recevoir, vous trouverez certainement une adresse qui vous convient.

www.accorhotels.com

Symboles de France

Spécialiste de patrimoine français, le site propose une sélection de plus de 300 hôtels, restaurants et monuments.

Tél. : 01 43 26 31 10
www.symbolesdefrance.fr

1001 salles

Un site de référence qui répertorie de nombreux lieux selon plusieurs critères de sélection. Sans oublier qu'il propose régulièrement des promotions et des possibilités de location de dernière minute.

www.1001salles.com

ABC Salles

Demeure de caractère, ferme, château, restaurant... faites votre choix ! Il y en a pour tous les goûts et tous les portefeuilles.

Tél. : 0 892 700 510 / www.abcsalles.com

Tous les bons plans

Un portail qui propose des offres promotionnelles tous domaines confondus. Il arrive que certains lieux de réception proposent des bons de réduction. Allez-y régulièrement pour dénicher la bonne affaire du moment.

www.tbp.fr

L'Écume-bar

Niché dans une ruelle arborée du xxe arrondissement de Paris, l'établissement accueille régulièrement artistes, musiciens et spectacles. Un lieu idéal pour un mariage bobo décalé. Les invités sauront apprécier l'adorable patio, la déco arty et l'ambiance bistro. Et les mariés applaudiront les tarifs défiant toute concurrence !

Gratuit en semaine à partir de 50 personnes avec consommation au bar.
700 € le dimanche ; 1 000 € le samedi

Possibilité de faire venir son traiteur ou ses plats maison !

Pour tout autre devis : 06 86 77 92 23
7, villa de l'Ermitage
75020 Paris
(accès de la villa en face du 290, rue des Pyrénées)

http://perso.orange.fr/ecume-bar/

LOCATION DE MATÉRIEL

Kiloutou

De la tente aux chaises pliantes en passant par les éclairages ou la machine à hot dogs, la référence de la location de matériel saura répondre à vos besoins.

Tél. : 0 811 080 080 / www.kiloutou.fr

France Location

L'enseigne, habituée à la mise en place d'événements, propose ses services dans de nombreuses villes françaises.

Tél. : 02 31 67 08 08
www.francelocation.com

Options

Le spécialiste de la location offre un impressionnant catalogue : couverts, chaises, nappe... de tous les styles ! Plus de 12 adresses en France.

Tél. : 01 34 92 20 00 / www.options.fr

3. Le traiteur

Avec la robe de mariée, le menu est ce que les invités vont regarder avec le plus d'attention. Autant vous dire qu'en la matière, ils s'attendent à un sans-faute ! Les sauces lourdes, les viandes trop cuites et les salades fatiguées sont « persona non grata » sur une table de mariage. Pas étonnant que les futurs mariés y consacrent une grosse partie de leur budget. Mais pas de panique ! Rien ne vous oblige à engager le chef d'un restaurant étoilé ou de vous épuiser dans un cours de cuisine accéléré. En vous y prenant tôt (au moins un an avant le jour J), en interrogeant votre entourage et en sélectionnant trois traiteurs que vous comparerez avec rigueur, vous trouverez celui qui fera chanter vos papilles sans forcément vider votre porte-monnaie. À condition d'être d'une vigilance sans faille (les petits détails pèsent souvent lourd dans la facture) et de traquer tout ce que vous pourrez tourner à votre avantage.

30 Lorsque vous réservez la salle de réception, prenez soin de demander au gérant s'il travaille avec des traiteurs de la région. Vous ferez ainsi d'une pierre deux coups et bénéficierez d'une formule tout compris, beaucoup plus avantageuse.

31 De même, certains traiteurs (tablez sur les grandes maisons) officient dans leurs salons. Du coup, le prix est plus favorable et comprend toutes les prestations. Ce système vous permet aussi d'avoir une idée immédiate du coût de la réception et d'éviter les mauvaises surprises.

32 Demandez à d'autres jeunes mariés de vous confier les coordonnées de leur traiteur. Souvent, en se référant à d'anciens clients, les prestataires sont prêts à faire un geste commercial. Il est possible d'obtenir un rabais de 10 à 15 %.

Bon à savoir

3 000 € = coût moyen de la prestation d'un traiteur pour un mariage de 100 personnes. Taxes, matériel et service inclus.

33 N'hésitez pas à vous éloigner des grandes villes. Par exemple en province, les prix des traiteurs et autres prestataires sont près de 30 % moins cher qu'en région parisienne.

34 Lisez très attentivement le devis pour savoir si le matériel (chaises, tables, nappes, vaisselle), le personnel ainsi que le nettoyage de la salle après la fête sont compris ou non dans le prix. Ne vous laissez pas emballer par les différentes prestations que le traiteur ne manquera pas de vous proposer (déco, animation culinaire, impression des menus). Loin d'être gracieux, ces petits « à-côtés » peuvent vite faire exploser votre budget.

35 C'est le moment d'utiliser vos talents de négociatrice. A chaque rencontre avec un traiteur, n'hésitez pas à lui souligner ce que les autres vous ont proposé de plus avantageux. Demandez sans complexe à ce que la pièce montée vous soit offerte et que le droit de bouchon soit supprimé (c'est la somme qui peut vous être réclamée si vous apportez vos propres bouteilles de vin et de champagne). Faites comprendre au traiteur que ce geste commercial est décisif pour votre choix final.

La mauvaise économie

En organisant le vin d'honneur sur le lieu de réception, vous pourrez vexer certains de vos invités, qui n'auront pas été conviés au dîner. Il serait délicat de leur demander de quitter les lieux au moment de passer à table ! Pour éviter les impairs, dissociez les deux événements. Demandez à la mairie ou à votre lieu de culte si, moyennant un forfait, vous pourrez occuper une des salles attenantes pour le vin d'honneur.

36 La formule « dîner assis et serveurs en queue-de-pie » est la plus onéreuse. Privilégiez le buffet avec un assortiment d'entrées, un plat principal et des desserts que vos invités dégusteront à table.
Le cocktail dînatoire autour d'un buffet est une autre formule plus light qui supprime tables et chaises. Prévoyez un serveur pour 40 personnes pour servir les boissons et alimenter le banquet.

37 Si vous ne pouvez décidément pas renoncer à votre rêve de dîner assis, servez lors du vin d'honneur des bouchées conséquentes qui remplaceront avantageusement une entrée. Du coup, quand vous passerez à table, vous attaquerez directement le plat principal et la facture s'en trouvera allégée.

38 Rien ne vous oblige à confier tout le menu à un seul traiteur. En diversifiant les prestataires, vous ferez des économies. Pensez à commander vos amuse-bouche et votre pain chez le boulanger. La pièce montée pourra être réalisée par votre pâtissier habituel et les entrées achetées au rayon traiteur des grandes surfaces pour un prix très raisonnable. Ainsi, le traiteur n'interviendra que pour le plat principal.

La mauvaise économie

Ne zappez pas la dégustation chez le traiteur. Souvent, les plus généreux l'offrent ! Mais, si ce n'est pas le cas, ne vous fiez pas à la jolie présentation des plats pour faire votre choix. Payez un repas complet, de l'entrée au dessert. Et là, vous pourrez juger.

39 Profitez de vos week-ends pour faire le tour des vignobles. En achetant directement le vin et le champagne chez les producteurs, vous aurez de 20 à 40 % de réduction. Pas besoin d'acheter des dizaines de caisses. Comptez une bouteille de vin blanc pour cinq personnes et une bouteille de vin rouge pour trois personnes. Une bouteille de champagne pour trois personnes suffit largement.

40 Ne négligez pas les grandes surfaces qui font régulièrement des foires aux vins. Les plus intéressantes ont lieu en automne lors de la période des vendanges. Surfez aussi sur Internet pour acheter en ligne des crus souvent promus.

La mauvaise économie

Évitez de faire des économies sur les horaires des serveurs. À une heure avancée de la nuit, le personnel sera précieux pour servir le café, combler les petits creux et veiller au bon approvisionnement des boissons. Prévoyez, dès la signature du contrat, les heures supplémentaires des serveurs.

41 Prévoyez des menus spéciaux pour enfants. Les petits n'aiment pas forcément les mets de luxe que vous allez choisir pour les adultes. Cela évitera les gaspillages et ils seront ravis de déguster des plats qu'ils adorent : saucisses frites et glaces en bâtons !

42 Réaliser vous-même le repas peut être économique (pour 80 personnes maximum). Mais, sachez rester simple. Le buffet froid est une des meilleures solutions. Privilégiez le poulet, les tartes, les salades de pâtes, les plateaux de charcuterie qui ne vous demanderont que peu de temps. Une idée sympa ? Demandez à vos invités de cuisiner des recettes de leurs régions ou pays d'origine, pour une table inventive et très colorée.

Nadège

Satish, mon mari, est d'origine indienne. Nous tenions à inclure des plats de son pays dans le buffet. Nous avons demandé à ses nombreuses tantes de nous faire des samoussas en guise d'entrée. Le lassi, une boisson très rafraîchissante à base de yaourt et d'épices, a remplacé le champagne. Le traiteur s'est juste chargé de réaliser le plat principal et les desserts. Ainsi, nous avons économisé sur ce poste pour investir en priorité sur la salle de réception.

43 Vous pouvez aussi opter pour un plat unique (type paella, couscous, méchoui...). Plus d'hésitations pour savoir si l'entrée, le plat et le dessert vont bien ensemble. Faites juste attention à ne pas trop épicer ou saler ces plats pour que les personnes âgées et les enfants puissent aussi en profiter. Si vous recevez chez vous, invitez votre entourage autour d'un pique-nique ou d'un barbecue, toujours très convivial.

44 Pour que la bonne idée de tout cuisiner ne tourne pas au gouffre financier, il faut absolument respecter les proportions. En principe, on fait chaque plat pour six personnes et on le multiplie en fonction du nombre d'invités. Pour le matériel, c'est pareil. Inutile d'acheter des tonnes de verres en plastique. Incitez vos invités à un peu de discipline en disposant des marqueurs sur les tables afin qu'ils notent leur nom sur les verres. On évite ainsi le gaspillage et on fait un geste éco-citoyen.

Hérissons gourmands

Les fournitures

Pour 2 hérissons :
1 gros pamplemousse ou 1 pastèque
1 courgette ou 1 concombre
1 dizaine de crevettes
1 dizaine de cerises-tomates
1 bocal de cornichons
1 sachet de fêta
Du papier de soie colorée
Du raphia
Des cure-dents

Prenez-vous pour un traiteur pro, le temps d'une journée, avec cette réalisation culinaire facile à faire, originale et peu onéreuse. Idéale pour le cocktail.

La réalisation

1 Enveloppez soigneusement et individuellement le pamplemousse et la courgette dans du papier de soie.

2 Fermez le tout à la manière d'un œuf de Pâques avec un lien de raphia.

3 Sur une dizaine de cure-dents, enfilez une tomate et un morceau de fêta. Sur une autre dizaine de cure-dents, recommencez l'opération, mais en alternant cornichon et crevette.

4 Si vous le souhaitez, vous pouvez saupoudrer le tout de safran ou de paprika.

5 Piquez enfin ces mini-brochettes sur vos jolis œufs de Pâques !

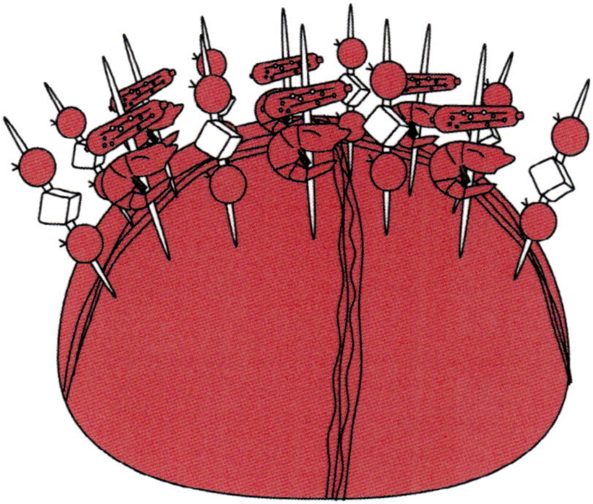

Quelques adresses

SI VOUS CHOISISSEZ UN TRAITEUR

Les Traiteurs de France

Une association de traiteurs qui s'engagent à respecter une charte de qualité et à pratiquer des prix raisonnables. À contacter pour connaître celui qui se trouve le plus près de chez vous.

Tél. : 01 42 33 30 17
www.traiteurs-de-france.com

Le Mémo-traiteurs

En entrant tous vos critères concernant la réception, le site s'engage à vous mettre gratuitement en relation avec les traiteurs qui correspondent à votre demande. Ils vous envoient directement leurs devis et vous avez tout le loisir de les comparer avant de les contacter.

www.lememo-traiteurs.com

La Table de Cana

Une des adresses de traiteurs les moins chères de France qui permet à des personnes en difficulté de trouver un emploi. Préparations soignées et de bonne qualité. Présence à Antony, Gennevilliers et Marseille.

5 bis, rue Maurice-Rave, 92168 Antony cedex.
Tél. : 01 55 59 53 41
www.tabledecana.com

Novo viande

Une chaîne de boucheries en Ile-de-France connue pour son excellente viande à des prix très abordables. Pour les mariages, des menus froids sont proposés à partir de 11 € par personne. Livraison sur le lieu de réception, mais pas de personnel fourni.

Tél. : 01 60 63 29 94 / www.novoviande.fr

La Romainville

Un pâtissier à petits prix avec une offre complète pour les mariages et une quarantaine de points de vente répartis entre l'Ile-de-France, la région Rhône-Alpes et les Bouches-du-Rhône.

Tél. : 0 810 810 885 / www.laromainville.fr

SI VOUS PRENEZ EN CHARGE LE REPAS

Carrefour

Au rayon traiteur, vous trouverez un grand choix de produits, de l'entrée au plat, en passant par le dessert, à un prix raisonnable. Pour les indécis, des menus et des idées de buffet sont proposés. Pensez à commander trois à cinq jours avant la réception.

www.carrefour.fr

Idbuffet

Un traiteur qui innove en offrant à ses clients de confectionner à la carte et en ligne leur menu, ce qui permet de mieux maîtriser les frais, tout en leur laissant la possibilité d'opter pour les buffets ou les cocktails du chef. Les promos régulières permettent de faire des menus malins.

www.idbuffet.com

Rungis

Un des plus célèbres marchés de produits frais en Europe. L'achat est réservé aux professionnels. Si dans votre entourage, vous comptez un commerçant, demandez-lui de vous prêter sa carte. Vous bénéficierez du prix de gros pour acheter viandes, fruits et légumes, ainsi que les fleurs de la fête.

Tél. : 01 41 80 80 81

Bordeaux discount

Sur leur site, vous ferez de très bonnes affaires sur de grands vins de bordeaux à prix discount (de -30 à -50%). Vous bénéficierez des « fins de loges », des vins en fin de millésime qui ne sont plus suivis régulièrement.

www.bordeauxdiscount.fr

4. La décoration

Qui dit petit budget, ne dit pas forcément austérité ! Notamment en matière de décoration. Alors, ne pensez plus qu'il s'agit d'un luxe dont vous devrez vous passer. Comment imaginer une église sans fleurs, des tables nues ou encore une salle aux murs blancs ? Certes, l'achat de bougies incrustées de rubis ou de verres Murano trouvera difficilement grâce aux yeux de votre banquier. Mais il n'est pas utile de casser sa tirelire pour transformer une citrouille en carrosse. Une fois encore, il s'agit de faire les bons choix, de trouver des solutions économiques et de se montrer ingénieux. Si certains décident de décliner un thème tout au long de leur réception, d'autres s'orientent davantage vers quelques petites touches créatives et ornementales dispersées ici et là. Quel que soit votre choix, voici quelques astuces et conseils bons à connaître pour personnaliser et donner un air de fête à votre lieu de réception.

45 Pour un mariage automnal, ramassez des pommes de pin, des feuilles mortes, des marrons, des pommes et mettez-les dans des corbeilles ou des grands vases transparents pour en faire des centres de table. Possibilité de les peindre en or à l'aide d'une bombe aérosol.

46 Inventez un mur interactif en tendant une gigantesque toile blanche sur un mur et laissez des feutres adaptés à la disposition de vos invités. Invitez-les à inscrire dessus des petits mots ou des dessins à votre intention. Vous pouvez également laisser ce soin aux enfants qui se feront un plaisir de peindre les mariés !

Bon à savoir

300 € = budget moyen pour la décoration (fleurs et salle)

47 Pour les fleurs, ayez le réflexe « de saison ». Ainsi, vous payerez moins cher des tournesols en été qu'en hiver ! Ce conseil est également valable pour les fruits que vous pourrez inclure dans votre composition.

48 Empruntez du vert et demandez à vos amis, voisins, membres de votre famille de prêter leurs plantes en pot (buis, arbustes, oliviers, palmiers...) et placez-les dans la salle de réception ou formez une haie d'honneur végétale.

49 Le recyclage saisonnier à la rescousse ! Utilisez les guirlandes électriques de votre sapin de Noël pour décorer une table, les murs, les arbustes. Placez-les aussi dans des vases transparents et percés (pour la prise)... Du plus grand effet !

50 Pour égayer le lieu de culte à moindre coût, essayez de partager les frais de décoration florale avec les personnes qui se marient avant ou après vous. Tout le monde y trouvera son compte.

51 N'ayez pas peur des ballons gonflables ! Souvent perçus comme des objets kitsch, ils peuvent se révéler très efficaces dès lors que vous les choisissez dans la même teinte. Des grappes de ballons blancs suspendus au plafond et retenus par un filet peuvent être du meilleur effet.

La mauvaise économie

Il serait dommage de ne pas vous offrir un bouquet de mariée. C'est la tradition et vous le méritez bien ! De plus, vos amies célibataires seront déçues que vous ne le lanciez pas à la fin de la cérémonie !

52 Il arrive que les chaises proposées avec une salle soient en plastique et donc pas très jolies. Il est possible de les cacher avec une housse de location (compter 10 euros par pièce). Mais on peut aussi les recouvrir de lierre afin de leur apporter une petite touche bucolique. Vous pouvez également entourer le dossier des chaises de gros rubans en raphia, de satin, de papier crêpons coloré...

53 Pour un mariage champêtre, remplacez les bouquets de fleurs par des épis de blés, cueillis dans un champ, et rassemblés par un joli ruban. Ils seront très jolis sur les tables, les chaises de la mairie et les bancs du lieu de culte. Vous pouvez remplacer le blé par une branche de sapin, de houx ou pourquoi pas de palmier ?

54 Les néons donnent souvent mauvaise mine et créent une ambiance de salle d'attente. Ne les allumez pas : usez et abusez des bougies. Des petites, appelées aussi chauffe-plats, disposées sur les tables, des photophores suspendus aux murs et aux plafonds, des chandeliers (les vôtres ou empruntés) sur les tables... Congelez les bougies avant de les installer ; elles dureront plus longtemps.

55 Si vous souhaitez absolument avoir de gros bouquets à prix léger, évitez les arrangements monochromes. Quelques touches de couleurs créent l'illusion du nombre. De plus, n'hésitez pas à ajouter du feuillage (moins onéreux) et à jouer sur les différences de tailles de fleurs pour rendre l'ensemble plus impressionnant.

56 Ne surchargez pas les tables ! Inutile de disposer un menu à chaque couvert. Deux suffisent par table de six personnes. Imprimez vous-même les marque-places ou demandez à vos enfants d'honneur de les préparer quelques jours avant le grand jour.

La mauvaise économie

Évitez d'acheter uniquement des décorations « spécial mariage » et de les personnaliser systématiquement. Même si le vendeur vous propose un prix de gros ! Trop c'est trop !

57 Pour habiller des murs blancs ou pour cacher les affreux tableaux de la salle de réception, fixez de jolis cadres dans lesquels vous aurez glissé des photos de vous et de vos proches. Si vous ne pouvez exploiter les murs, tendez une corde et fixez à l'aide de jolies épingles à linge les fameux clichés.

58 Les fleurs n'ont pas le monopole de la décoration du lieu de culte. Investissez dans plusieurs mètres de ruban en satin ou en velours et accrochez, à chaque rangée de bancs, un joli nœud.

Marion

Nous ne souhaitions pas dépenser trop dans des centres de table floraux. Nous avons alors choisi d'utiliser de grands saladiers transparents et remplis d'eau dans lesquels nous avons mis des pétales de roses et quelques bougies flottantes. À la fois originale et peu coûteuse, notre idée a eu beaucoup de succès ! D'autres amis l'ont utilisée à leur mariage.

59 Si vous économisez de l'argent en empruntant du matériel à vos proches, gagnez aussi du temps en inscrivant au dos de chaque objet le nom de son propriétaire (au crayon ou à l'aide d'une étiquette). Cela vous facilitera la tâche au moment de rendre tous les biens.

60 Pour égayez la nappe blanche d'un buffet, poinçonnez des petits cœurs, étoiles, bonhommes dans du papier de soie coloré ou du papier fort argenté ou doré. Vous pouvez également parsemer de paillettes les tables.

Un centre de table tutti frutti

En quelques minutes et avec un peu de savoir-faire, il est possible de réaliser une décoration originale et peu coûteuse, digne des plus grands artistes. À vos sécateurs !

Les fournitures

1 bloc de mousse oasis

1 contenant (saladier, assiette creuse, plat...)

1 sécateur

Des cure-dents

Du feuillage

Des petites oranges ou clémentines

Peinture dorée ou argentée en bombe

La réalisation

1. Après avoir laissé le bloc de mousse s'imbiber d'eau pendant une heure, disposez-le dans le récipient.
2. Bombez quelques fruits en doré ou argenté. Laissez-les sécher.
3. Piquez ensuite dans la mousse le feuillage et, à l'aide de cure-dents, enfoncez également les fruits naturels et peints dans la composition.

Quelques adresses

POUR TOUT FAIRE VOUS-MÊME

Rougier et Plé, Créa et Graphigro

L'adresse incontournable des artistes en herbe ou confirmés. De nombreuses boutiques en France.

Tél. : 0 825 160 560
www.crea.tm.fr

Loisirs et créations

Pour trouver tout le matériel nécessaire à l'artiste qui sommeille en vous. Vous pouvez également profiter gratuitement des nombreuses démonstrations ou des ateliers créatifs.

Tél. : 01 53 33 27 50
www.loisirsetcreation.com

La Droguerie

Ali Baba ouvre sa caverne aux quatre coins de la France (10 pour l'instant). À vous les bocaux par milliers qui abritent, entre autres, perles, rubans, sequins et plumes !

Tél. : 01 45 08 93 27
www.ladroguerie.com

Déco Mariage

Ce site vous permet d'acheter en ligne tous les accessoires pour réaliser vous-même votre déco : tulle et boîtes pour dragées, fournitures (rubans, motifs à coller, étiquettes, résine...), différents tissus... On vous indique même comment réaliser vos balluchons de dragées.

www.decomariage.fr

Panduro Hobby

Une référence dans les pays scandinaves et une enseigne qui monte en France ! Vous trouverez et commanderez en ligne tout pour créer votre décoration d'un jour dont on se souviendra toujours ! Votre imagination ne connaîtra plus de limites. À des prix très intéressants et avec des promotions régulières !

Tél. : 0 820 000 224
www.panduro.fr

Bouchara

Pour les tissus, le tulle, les petits objets de décoration et les judicieux conseils.

Tél. : 01 42 80 66 95
www.bouchara.com

Casa

Pour les bougies en vrac, les photophores abordables, le raphia multicolore et tous les objets de petite déco à prix intéressants...

www.casashops.com

FLEURS ET PLANTES

Saint-Thibault Fleurs Location

Le spécialiste de la location de plantes met à votre disposition des bacs garnis, des fleurs coupées, d'imposantes plantes isolées et même des coupes de fruits.

Tél. : 02 37 48 98 98

Au nom de la rose

Comme son nom l'indique, l'enseigne a fait de la rose sa fleur phare. Bouquets à prix très intéressants et livraison express à travers toute la France et même à l'étranger.

Tél. : 0 892 350 007
www.aunomdelarose.fr

Le Bouquet nantais

De très jolis bouquets créatifs et classiques à partir de 20 euros. On n'oublie pas les plantes et les fleurs exotiques. À noter : la symbolique du langage des fleurs à découvrir sur le site.

Livraison partout en France.

Tél. : 02 40 65 10 10
www.bouquetnantais.com

Notes

Lancer de ballons
Sketches
Magie
Musique
Feux d'artifice
Jeux
Discours
Orchestre

5. L'animation

Pour qu'une fête reste dans les annales, il faut que deux éléments soient réunis : de la bonne musique et un bon esprit. La fête de mariage n'échappe pas à cette règle. Évitez les DJ trop « underground » : il faut que la musique soit fédératrice pour rassembler tout le monde sur la piste de danse. Vos copains décomplexés qui sauront entraîner les plus frileux sur le « dance floor » seront les bienvenus. Le succès de votre fête dépendra aussi des animations que vous aurez prévues. Il ne s'agit en aucun cas de reproduire l'ambiance d'une kermesse, mais juste de divertir un peu vos invités. Vous pouvez recourir à des professionnels, mais leur prestation aura un certain coût. Confiez plutôt cette tâche à vos amis qui se feront un plaisir de vous surprendre. Bien sûr, pour la musique, pas question de bricoler ! Offrez-vous les services d'un professionnel, sauf si vous avez un ami qui a un véritable talent de DJ. Idem pour le photographe, pas d'amateur. Par contre, rien ne vous oblige à payer le prix fort. Voici comment l'éviter.

61 Le temps d'une soirée, improvisez-vous en DJ. Une idée que l'on vous conseille de préparer en faisant des compilations de CD plusieurs jours en avance. Demandez à des amis connaisseurs de vous aider à réaliser les meilleurs enchaînements possibles. On ne passe pas de Michaël Jackson à Bach sans récolter les huées de l'assistance, il faut le savoir ! Déléguez à un ami le soin de passer les CD le jour J. Une mariée derrière les platines, ça fait un peu désordre.

62 Lors de la cérémonie, rien ne vous empêche de passer une compilation de musiques de mariage en lieu et place d'une traditionnelle chorale. Vous y trouverez des morceaux classiques incontournables (Mendelssohn, Wagner...) et de fabuleux titres de gospel. Il serait dommage de se passer d'un joyeux « *O Happy Day* » à la sortie de l'église. À acheter dans les points de vente habituels et sur les sites de mariage.

La mauvaise économie

Il est impensable de se passer d'une sono digne de ce nom. Votre vieille chaîne risque de rendre l'âme au cours de la soirée. Prévoyez le budget pour une véritable sono et demandez au DJ de vérifier que son matériel est bien compatible avec les installations de la salle de réception.

63 Si vous préférez vous en remettre à des professionnels pour la musique, privilégiez le DJ aux orchestres dont le coût est forcément plus élevé (plus de personnes à rémunérer, davantage de matériel à prévoir, etc.).

64 Négociez avec lui un forfait illimité pour la soirée plutôt que de le payer pour un nombre d'heures déterminé. En cas de dépassement, vous devrez payer des heures supplémentaires toujours plus lourdement facturées.

65 Passez des annonces dans les studios photos. De nombreux assistants se font la main auprès de photographes reconnus. Ils ne seront pas mécontents de se faire un peu d'argent de poche en photographiant votre mariage. Vous aurez la qualité à un prix moins élevé.

Bon à savoir

457 € = budget moyen pour un DJ
534 € = prix moyen pour un photographe
610 € = prix moyen pour un cameraman

66 Préférez les photographes qui travaillent en numérique sans craindre de perdre en qualité, elle est équivalente. Ils pourront immortaliser davantage de clichés et vous n'aurez pas à payer pour les nombreuses pellicules utilisées. Il ne vous restera plus qu'à sélectionner les photos qui vous séduiront le plus.

67 Limitez le temps de présence du photographe à la cérémonie et à la soirée. Disposez quelques appareils jetables sur les tables des invités, qui se feront un plaisir de vous mitrailler. N'oubliez pas de les récupérer pour les faire développer.

68 Si l'expérience d'un photographe est importante, celle d'un vidéaste l'est beaucoup moins. N'alourdissez pas votre budget en ayant recours à un professionnel. Confiez cette tache à un proche qui aime manier la caméra. Si vous préférez avoir un œil extérieur sur votre mariage, engagez un élève d'une école de cinéma. Il pourra vous surprendre avec des plans et un montage audacieux. Le tout pour moins cher.

69 Au cas où vous auriez des doutes sur cette démarche, sachez que les agences de photographes spécialisées dans le mariage ont souvent une activité de vidéaste. Elles peuvent proposer des forfaits couplant les deux à des prix attractifs. Faites donc votre choix en fonction de cette possibilité au lieu de payer deux prestataires différents.

70 Exploitez les talents de vos proches ou de leurs connaissances : musiciens pour le vin d'honneur, dessinateurs pour croquer les mariés, comédiens en herbe pour quelques sketches...

La mauvaise économie

Recourir à un photographe amateur peut s'avérer désastreux, à moins de bien connaître son travail. Autrement, vous risquez de vous retrouver avec des photos sans grand intérêt. L'avantage d'un photographe, c'est qu'il sait prendre des photos sur le vif afin de capter les moments les plus forts.

71 Si vous souhaitez une animation originale sans exploser votre budget, optez pour le karaoké. Vous n'aurez qu'à louer le matériel, simple de fonctionnement et à un prix peu élevé (comptez 200 euros environ). Vos invités se casseront ou non la voix sur des titres que vous aurez au préalable choisis. Idéal pour désinhiber tout le monde et bien démarrer la soirée dansante.

72 Passez-vous des services d'une baby-sitter. Une journée entière peut être lourdement facturée. Vous avez forcément des adolescents dans votre entourage. Réquisitionnez-les pour assurer la garde des plus petits. Établissez un juste planning en limitant le baby-sitting à deux heures par personne. Ils auront plus facilement le cœur à l'ouvrage s'il leur reste aussi du temps pour s'amuser.

73 Faites l'économie d'un clown ou d'un animateur pour les enfants en louant quelques DVD de leurs dessins animés préférés. Ils seront contents de voir pour la 250e fois *Nemo* ! Faites aussi le plein de jeux de société, une animation qui ravit toujours les enfants. Ne lésinez pas sur les ballons de football, les raquettes, les cordes à sauter, les jeux de pétanque... De quoi les occuper de longues heures dehors sans trop avoir à les surveiller.

Lucille

Ma belle-sœur est professeur de salsa. Lors du repas, elle nous a fait la surprise d'organiser avec ses élèves des intermèdes dansants entre chaque plat. Je lui avais confié ma crainte de voir mes invités piquer du nez au cours du dîner, toujours un peu trop long lors d'un mariage. Résultat, tout le monde gigotait sur sa chaise et, dès qu'on a pu se lever, l'ambiance était déjà bien installée, et ça a duré comme ça pendant des heures...

74 Oubliez les arrivées un peu kitsch en grosse berline ou en Cadillac rose ! Vous ferez l'économie d'une location toujours coûteuse. Réinvestissez votre bonne vieille voiture en la décorant de façon traditionnelle (tulle, nœud, etc) ou de manière plus décalée avec un panneau « *just married* », un balai accroché...

75 Une idée pas chère et écolo : arriver à la salle de réception en vélo ou sur un tandem (location à moins de 30 euros la journée). Vous créerez la surprise et prendrez un coup de frais après les émotions de la cérémonie. Plus polluant, mais moins fatigant, le scooter est aussi une idée originale. Surtout s'il s'agit d'un Vespa, toujours très romantique.

Une compilation de musiques pour bien fêter son mariage

Inspirez-vous de cette playlist qui regroupe les incontournables musiques de mariage et une sélection de morceaux qui font toujours bouger les foules. Vous commencerez votre carrière de DJ avec un sans-faute.

Les fournitures

Un ordinateur avec l'ADSL pour télécharger rapidement la musique sur des sites légaux

4 CD vierges, des clés USB ou un disque dur

1 programme Nero (pour PC) ou Itunes (Mac) pour graver les morceaux

La réalisation

1 Réfléchissez aux musiques que vous souhaiteriez écouter le jour de votre mariage et jetez tout sur un papier.

2 Classez les titres en fonction du moment idéal pour les écouter : durant la cérémonie, le repas, pour ouvrir le bal, faire monter l'ambiance d'un cran…

3 Rendez-vous sur les sites de téléchargement légaux de musique. Téléchargez les morceaux et gravez-les sur un ou plusieurs CD (le mieux étant de copier sur des CD distincts les musiques devant être écoutées lors de la cérémonie et lors de la réception) ou enregistrez-les sur un disque dur ou une clé USB.

4 Quel que soit le support de la musique, classez les titres par style de musique en pensant aux meilleurs enchaînements possibles.

Quelques sites de téléchargement légaux de musique :

www.fnacmusic.com
www.ecompil.fr
www.apple.com
www.connect-europe.com
www.virginmega.fr

Quelques exemples de playlists

Pour la cérémonie civile

When a man loves a woman, Percy Sledge
Angel, Aretha Franklin
Let's get it on, Marvin Gaye
All you need is love, The Beatles
I will always love you, Whitney Houston

Pour la cérémonie religieuse

À l'entrée :
Marche nuptiale, Felix Mendelssohn
Marche des fiançailles, Richard Wagner
À la sortie :
O happy day
Go down Moses et bien d'autres gospels.

Pour la fête

Disco

Dancing Queen, ABBA
I will survive, Gloria Gaynor
Daddy cool, Boney M
La vie en rose, Grace Jones
Stay'in alive, Bee Gees

Années 80's

Holiday, Like a Virgin ; Madonna
Do you really want to hurt me, Culture Club
Just can't get enough, Depeche Mode
Sex Crime, Eurythmics
Suicide blonde, INXS

Variétés françaises

Marcia Baïla, Rita Mitsouko
Alexandrie Alexandra, Claude François
Tomber la chemise, Zebda
Où sont les femmes, Patrick Juvet
Louxor j'adore, Philippe Katerine

House, Dance

Can't get you out of my head, Kylie Minogue
One more time, Daft Punk
Sound of freedom, Bob Sinclar
Freed from desire, Gala
The world is mine, David Guetta

Latino

Mambo n°5, Lou Bega
Whenever, Wherever, Shakira
Macarena, Los del Rio
Un, dos, tres, Ricky Martin
The Ketchup song, Las Ketchup

Hip hop, Soul

Rapper's delight, Sugarhill Gang
Ring ring ring, De la Soul
Beautiful, Snoop Doggy Dog featuring Pharrell
Crazy in love, Beyonce Featuring Jay-Z
Angela, Saïan Supa Crew

Quelques adresses

LE PHOTOGRAPHE

People Box Wedding

Un photographe qui travaille au numérique et développe sur place les photos. Résultat : vous faites l'album le soir même en dégageant tous les déchets et vos invités repartent avec des clichés souvenirs qu'ils paient sur place. Vous n'aurez plus à gérer les demandes post-mariage.

Tél. : 01 69 07 15 76
www.peoplebox-wedding.fr

Incognito

Une agence de photographes professionnels (plus de 800 mariages à leur actif) qui a la bonne idée de ne pas imposer de forfait et fait des tarifs dégressifs (plus vous prenez de photos, moins c'est cher). Basé à l'Île de Ré, ils se déplacent dans toute la France.

Tél. : 05 46 09 09 56
www.incognito.fr

Commerce E

Un des leaders parmi les photographes qui travaillent au numérique.

www.photonice.com

Wistiti

Un service gratuit qui permet de mettre en ligne vos photos et de réaliser un album photo virtuel. De nombreuses options de personnalisation sont proposées. Avec un code d'accès, vos invités peuvent regarder votre album photo et commander celles qui les intéressent.

Tél. : 01 46 40 70 91
www.wistiti.fr

LES ANIMATIONS

Mon événement

Un portail Internet gratuit qui vous permet de trouver les animateurs dont vous avez besoin : photographe, DJ, magicien... En laissant vos coordonnées, les professionnels vous contactent rapidement.

www.mon-evenement.com

4 roues sous 1 parapluie

Location de voitures 2CV pour une sortie d'église insolite et romantique. Forfait de trois heures.

Tél. : 0 800 800 631
www.4roues-sous-1parapluie.com

Baossimo

Un site où les internautes s'échangent les bonnes adresses de DJ et de photographes. Gain de temps et l'assurance de trouver la perle rare qui a déjà fait le bonheur de jeunes mariés.

www.baossimo.com

Tango ! Tango !

Des cours de tango à tout petits prix pour ouvrir le bal avec élégance. Cours dispensés à l'école Paul-Cézanne.

Place Cadet-Roussel, rue des Comices,
Villeneuve-d'Ascq.
Tél. : 03 20 26 67 53

L'atelier rock au Macumba

Apprendre en se faisant plaisir avec des soirées dansantes rock hebdomadaires gratuites. De quoi épater vos invités le jour J.

50, rue Condorcet, 59290 Wasquehal.

Tél. : 03 20 89 85 04

6. Les tenues

Certaines ont imaginé une centaine de robes différentes, d'autres n'en ont qu'une en tête depuis leur plus tendre enfance. Quoi qu'il en soit, cette tenue d'un jour dont vous vous souviendrez toujours n'est pas un choix qui se fait à la légère. Elle sera commentée par tous, suscitera des réactions fortes, sera gravée à jamais dans les mémoires et sur les photos... Et, plus prosaïquement, elle représente un budget conséquent. En moyenne 10 % du coût total du mariage. Bien sûr, on peut faire comme quelques stars et décider de se marier en maillot de bain sur une plage hawaïenne... Mais tout le monde n'assume pas ! Vous pouvez également dépenser chez un grand couturier tout l'argent prévu pour votre réception et servir ensuite à vos invités des toasts à la confiture ! Rassurez-vous, il existe des solutions plus raisonnables pour s'offrir la robe de vos rêves sans casser votre tirelire ni affamer vos convives.

76 Si vous n'êtes pas trop sentimentale et si vous n'envisagez pas de conserver votre robe de mariée *ad vitam eternam*, il est possible de trouver la tenue de vos rêves et de la porter le temps d'une journée. Pensez à la louer !

77 Bonne nouvelle ! Le blanc n'est pas une teinte uniquement réservée pour le jour J. Observez les boutiques de prêt-à-porter et patientez jusqu'au lancement des nouvelles collections pour acheter la robe, le boléro, le bustier ou le jupon immaculés de la saison précédente. Une grande économie par rapport aux boutiques spécialisées dans le mariage !

Bon à savoir

Entre 699 et 2 300 € = fourchette moyenne pour la tenue de mademoiselle.

78 Vous cherchez une robe de créateur ou une tenue haute couture, mais votre budget n'est pas à la hauteur de vos ambitions… Soyez la première devant les portes des boutiques de luxe le premier jour des soldes.

79 Personnalisez votre tenue ! Vous avez choisi une robe simple et souhaitez la rendre plus originale et plus festive ? Rien n'est figé. Raccourcissez, greffez des rubans ou de la dentelle, brodez des fleurs sur le bustier, ajoutez des plumes sur le décolleté ou cousez quelques rangées de perles sur l'encolure…

80 Privilégiez toujours le haut sur le bas. En effet, on le voit davantage sur les photos, à table… Investissez donc dans un joli bustier à la coupe parfaite et offrez-vous une jupe moins onéreuse et plus simple.

81 Ayez l'esprit pratique et économique en achetant une robe d'occasion. Vous trouverez sur les sites de ventes aux enchères, dans les dépôts-ventes, dans les boutiques « vintage »...

La mauvaise économie

Certaines matières, moins chères, peuvent s'avérer catastrophiques en une telle occasion. Ne misez donc pas sur des tissus « cheap ». Ainsi le ramie, qui ressemble au lin, fait beaucoup transpirer, tandis que le polyester n'offre pas un joli tombé et donne tout de suite une apparence « bon marché ».

82 Pourquoi ne pas perpétuer une tradition en portant la robe de votre maman ou de votre grand-tante ? Le symbole est fort et vous pourrez toujours ajuster la tenue à vos mensurations.

83 Vous souhaitez une robe sur mesure ? Contactez les écoles de stylisme et mettez au défi une élève de réaliser la vôtre.

Clara

Je souhaitais quelque chose d'original. J'ai alors chiné dans plusieurs boutiques « vintage » et chez des fripiers. J'ai récupéré un bustier crème, un chemisier immonde, mais aux superbes manches longues en dentelle et une jupe en soie sauvage couleur champagne. J'ai tout apporté chez une couturière de quartier. Elle a transformé le bustier en y ajoutant les manches en dentelle, elle a cousu le tout à la jupe et a même trouvé une bande de dentelle quasi identique à celle du vieux chemisier et l'a ajoutée en bas de la robe. C'était unique et superbe... Et moins coûteux que si elle avait dû acheter tout le tissu et tout confectionner.

84 Si la doublure proposée est en soie, demandez à la couturière de la changer pour un tissu moins onéreux.

85 Si vous n'avez pas peur de vous mettre tous les professionnels français du textile sur le dos, vous pouvez également commander votre robe sur des sites de fabricants ou de boutiques asiatiques. Les prix sont en dollars et vous tomberez des nues en découvrant les minuscules prix proposés. Prenez soin de bien prendre vos mesures et de vous rapporter à leur tableau de conversion.

86 Ne soyez pas timide et demandez aux boutiques s'il est possible de voir leurs prototypes ou d'acheter avec un net rabais la robe présentée en rayon, celle qui sert aux essayages.

La mauvaise économie

Ne vous laissez pas tenter par une mauvaise taille de robe parce qu'elle est en soldes et qu'elle vous plaît. Surtout ne la prenez pas ! Vous pourriez ne jamais rentrer dedans le jour venu.

87 Est-ce que monsieur portera souvent la jaquette ou la redingote achetées spécialement pour le jour J ? Pas vraiment ! Alors, louez son costume et tous les accessoires indispensables. Encore faut-il s'y prendre à l'avance : toutes les tailles ne seront pas forcément disponibles lors de la saison des mariages.

88 Il suffit parfois d'un petit détail pour donner une touche plus cérémoniale à un costume de tous les jours : un gilet, une cravate plus large avec un nœud plus sophistiqué que d'ordinaire, une pochette de couleur, un chapeau...

89 Inutile d'investir dans des tenues compliquées et onéreuses pour les enfants d'honneur. Demandez à leur maman de les vêtir d'une tenue blanche qu'ils possèdent déjà : bermuda, chemise, jupe, robe... Harmonisez le cortège en nouant autour de leur taille un large ruban de satin coloré.

La mauvaise économie

Ne prévoir qu'une seule chemise pour monsieur le jour J serait une erreur. Achetez-en deux. Une tache, une grosse chaleur... il faut parer à toute éventualité !

90 Proposez au cortège de porter la même couleur ou un motif identique : des rayures, des fleurs, de l'écossais. À chacun ensuite de puiser dans sa garde-robe personnelle.

Une robe pour la demoiselle d'honneur

Inutile de dépenser des sommes astronomiques pour transformer une petite fille en fée d'un jour. Pas à pas, on vous explique comment créer une robe festive et originale. À réaliser avec mademoiselle !

Les fournitures

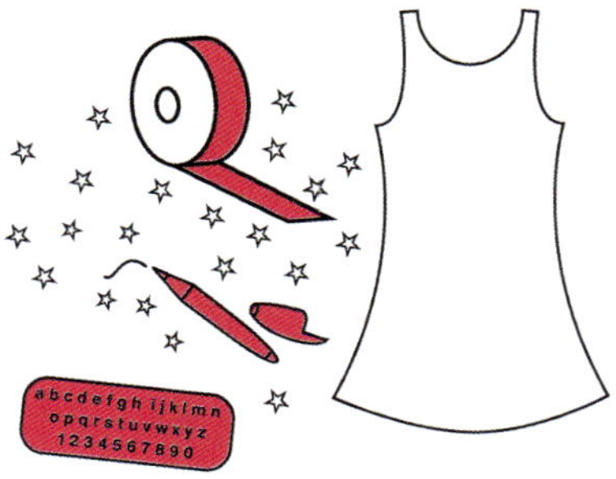

1 nuisette ou 1 chemise de nuit blanche

Du ruban large gros grain en satin doré

1 feutre doré pour textiles

Éventuellement, une règle de calligraphie.

La réalisation

1 Après vous être assurée que la nuisette correspond à la taille de la petite fille, tracez des étoiles et des petites fleurs sur le tissu à l'aide du feutre adapté.

2 De votre plus belle écriture, amusez-vous avec elle à inscrire « Vive les Mariés », la date du mariage et/ou les prénoms des époux.

3 Si vous voulez éviter les ratures, aidez-vous de la règle spéciale.

4 Pour parer à toute éclaboussure ou tache sur le tissu, recouvrez la partie sur laquelle vous ne travaillez pas d'un torchon propre.

5 Pour finir la tenue en beauté, nouez autour de la taille la ceinture de ruban doré.

Quelques adresses

LES BOUTIQUES À PETITS PRIX

L'Empire du mariage

Une collection très variée de robes : empire, princesse, glamour... à prix intéressants. Promotions régulières pouvant aller jusqu'à -75%.

Points de vente partout en France :
01 48 78 71 49
www.empiredumariage.com

Tati Mariage

La référence en matière de tenues à petits prix. Parfait aussi pour les tenues de monsieur et du cortège. Attention : les retouches ne sont pas proposées.

Points de vente partout en France :
01 55 29 52 54
www.tati.fr

Point Mariage

Robes à partir de 99 euros ! Cette enseigne présente partout en France a aussi l'avantage de proposer des grandes tailles.

Tél. : n°indigo : 32 60, dire « Point Mariage ».
www.pointmariage.com

SUR LE NET

Asia Mariage

Des robes d'influence asiatique et des créations plus classiques à prix doux. Confection artisanale et sur mesure depuis dix ans. Récemment installé en France.

Tél. : 06 81 91 24 75
www.asiamariage.com

Ebay

Il y a fort à parier pour que vous trouviez votre bonheur sur ce site de ventes aux enchères en ligne. Des robes d'occasion ou neuves.

Essayez le site français : www.ebay.fr
Et multipliez vos chances en cliquant sur la version internationale : www.ebay.com

Le troc on-line

Qui sait ? Quelqu'un pourrait bien vous proposer d'échanger une robe de mariée contre un tabouret ou un manteau ! Qui ne tente rien...

www.digitroc.com

LA LOCATION

Robe d'un jour

Un site unique en son genre qui propose aux particuliers de déposer leur annonce de vente ou de location de tenues de mariage.

www.robedunjour.com

La femme écarlate

Vaste choix de robes de mariées, de cocktails et de soirées. Avec des créations haute couture !

Tél. : 01 45 51 08 44
www.lafemmeecarlate.com

Braderie Max Chaoul

Le talentueux couturier lyonnais, chouchou des stars, propose un rabais de 70 % sur ses somptueuses robes des saisons antérieures et sur ses prototypes.

À Paris : 01 43 25 44 02
À Lyon : 04 78 37 81 66
http://www.maxchaoulcouture.com/HTML/braderie.htm

Au chat botté

Boutique de location de déguisements, mais qui propose une jolie sélection de robes pour le grand jour.

Tél. : 04 78 49 13 70
www.au-chat-botte.fr

Notes

Barrette
Bouquet
Boucles d'oreilles
Alliance
Voile
Collier
Gants
Ceinture
Sac
Bas
Chaussures

7. Les accessoires

On ne vous le reprochera pas. Vous souhaitez axer vos efforts financiers sur l'achat de la robe de mariée. Pensez tout de même à épargner quelques euros pour les accessoires. Comme vous le savez, ils font la différence et personnalisent les tenues. Que serait une robe de mariée sans un romantique voile et une jaquette sans son incontournable haut-de-forme ? Mais attention, vous pouvez vite vous laisser emballer par les bijoux affriolants, les chaussures de couturiers et les boutons de manchettes luxueux. Faites un malin mélange de choses achetées, empruntées et louées. Appliquez cette règle pour accessoiriser tout votre beau monde, futur époux et enfants du cortège compris. Vous ferez un sans-faute sans vous priver.

91 L'alliance est un accessoire de taille puisqu'il va symboliser votre union. En général, c'est l'homme qui régale, ce qui ne veut pas dire qu'il faut saler l'addition, loin de là ! Les petits budgets seront contents de savoir que l'on peut s'offrir de jolis anneaux à prix réduits. Pour peu de ne pas vouloir l'exclusivité (les bagues d'occasion permettent de faire de belles affaires) ou de savoir manier la souris (les ventes aux enchères sur Internet sont un bon filon).

92 Si vous rêvez de porter un diadème ou un collier d'un grand joaillier, vous serez ravie d'apprendre que cela est désormais possible. Et sans vous ruiner ! Il suffit de louer une parure pour une journée ou pour une soirée. À vous les bijoux de la place Vendôme !

93 Inutile de jouer les « lady » si vous êtes une fille simple et sans chichi. Privilégiez les bijoux fantaisie qui sont peu chers, originaux et parfois à usage unique, comme les motifs à strass à poser sur votre décolleté. Très bel effet avec une nuque et des épaules dégagées. Plus connu mais toujours aussi efficace, le collier à fil invisible auquel est suspendu une pierre transparente. Fin et délicat.

Bon à savoir

200 € = prix moyen des accessoires de la mariée (sac, bijoux, chaussures, voile).
500 € = prix moyen des alliances.
Entre 50 et 100 € = fourchette pour le bouquet de mariage.

94 Vous connaissez certainement la règle selon laquelle une mariée se doit de porter quelque chose de bleu, de neuf, de vieux et d'emprunté. Une occasion en or pour porter la parure de votre sœur sur laquelle vous louchiez depuis des années ou les boucles

d'oreilles de votre tante qu'elle ne vous autorisait même pas à toucher quand vous étiez petite. Profitez de ce moment pour satisfaire tous vos fantasmes. On ne pourra rien vous refuser !

95 Les sentimentales seront ravies de se faire prêter le voile de leur mère ou grand-mère si elles l'ont conservé. Une jolie façon de perpétuer la tradition. Vous pouvez également demander cet honneur à votre témoin ou à votre meilleure amie. Vous entrerez dans le lieu de cérémonie avec le voile qui couvrira vos épaules et votre visage et vous l'ôterez au moment d'embrasser votre nouvel époux.

La mauvaise économie

Il serait dommage de ne pas vous offrir de voile. Il est le symbole ultime du mariage et c'est aussi l'occasion unique de porter un voile dans votre vie ! Il a une valeur sentimentale : il est d'usage de le donner à sa fille pour qu'elle le porte à son propre mariage.

96 Il n'est pas indispensable d'avoir des chaussures parfaitement assorties au tissu de sa robe et vendues souvent très cher dans le commerce ou par les créateurs. De plus, les modèles « mariage » sont rarement variés. Faites un petit tour dans vos boutiques préférées et choisissez les escarpins ou les sandales à talons vertigineux de vos rêves... en blanc ou dans le coloris de votre choix. Pour votre confort, portez les chaussures quelques jours avant le jour du mariage. Elles prendront la forme de votre pied et vous serez parfaitement à l'aise pour gambader.

97 Même si c'est la tradition, ne vous encombrez pas d'une paire de gants en satin et d'un chapeau à voile qui sont passés de mode et peu pratiques. Vous risquez de vous sentir trop apprêtée et de faire une dépense inutile. Le mot d'ordre est de rester fidèle à vous-même. Votre étole favorite pourra apporter la petite touche en plus à votre tenue (pour peu qu'elle soit en organza ou en soie, de couleur blanche ou pastel).

La mauvaise économie

Évitez de choisir des alliances bon marché. Sachez que l'or s'use et les alliances trop fines fabriquées à la chaîne ne tiennent pas longtemps. Privilégiez la qualité au prix en vous renseignant sur le mode de fabrication de l'alliance.

98 Il est d'usage de porter un petit sac à poignet, appelé « aumônière », enfilé à la main qui tient le bouquet. Encore une fois, rien n'est imposé. Vous pouvez décider de ne pas vous encombrer et fourrer tout ce qui sera indispensable à votre journée (lingettes déodorantes, rouge à lèvres, poudre...) dans votre sac habituel que vous confierez à une amie. Gain de place et d'argent assuré !

99 La plupart des accessoires pour cheveux proposés par les salons de coiffure sont souvent assez onéreux, alors qu'il est possible de se débrouiller avec ce que l'on possède déjà : de petites barrettes blanches ou argentées, des plumes, un serre-tête entouré d'un ruban blanc...

100 N'investissez pas dans des collants ou des bas de grande marque si vous avez l'intention d'en porter sous votre robe. Personne ne les verra et ils risquent de filer très rapidement. Songez surtout à acheter plusieurs paires bon marché pour les changer en cas d'incident.

101 Ne vous ruinez pas en lingerie, réservez votre sublime ensemble pour la nuit de noces. Durant la journée, contentez-vous de porter des sous-vêtements basiques, avant tout confortables et adaptés à votre robe de mariée (sans bretelles si les épaules sont dénudées, sans coutures si la robe est près du corps...).

102 Pour le bouquet de mariage, gagez sur la simplicité. Une unique rose fera l'affaire pour peu que votre fleuriste l'entoure d'un joli feuillage qui fait toujours son effet et a l'avantage d'être plus économique. Vous éviterez aussi d'être inutilement encombrée.

Léa

J'ai mis le paquet pour ma robe de mariée. Je n'ose pas divulguer les prix, car je sais que ça peut choquer. Mais, il ne me restait plus rien pour m'acheter des accessoires. Alors, j'ai bricolé comme j'ai pu et le résultat ne fut pas décevant ! À l'aide de fils dorés, j'ai fait des torsades dans ma chevelure. Des créoles en or bon marché pendaient à mes oreilles et j'ai emprunté à ma meilleure amie un très beau pendentif doré d'une grande marque de joaillerie. Un mélange de chic et de toc assez malin !

103 Si vous n'arrivez pas à vous résigner à cette solution, offrez-vous le bouquet en cascade dont vous rêvez ! Vous limiterez le coût en le composant vous-même. Rendez-vous chez les grossistes ou au marché de Rungis s'il est proche de chez vous. Après le mariage, au lieu de le jeter, recyclez le bouquet. Il suffit de le faire sécher, de préférence la tête en bas, et de le disposer ensuite dans un joli vase. Un élément déco à prix zéro.

104 Pour les enfants d'honneur, utilisez les chutes de votre robe de mariée. Elles serviront de ceintures, de nœuds dans les cheveux, de foulards.... Pensez aussi à accessoiriser une tenue que les enfants auront déjà dans leurs placards avec de gros rubans de satin colorés achetés pas cher en droguerie. Et pourquoi pas des couronnes de fleurs fraîches (cueillies la veille) à poser sur les têtes des petites filles ?

105 Procédez de la même façon avec les chutes de votre robe de mariée pour confectionner la pochette et le gilet de costume de votre cher et tendre. Une jolie façon d'être en harmonie sans trop débourser. Encore mieux, demandez au créateur de votre robe de mariée de vous les offrir. Il est d'usage de faire un geste à la future épouse. À vous de bien le négocier !

La mauvaise économie

Il est impératif de penser à porter un manteau pour les mariages hors saison. À l'automne ou en hiver, la température ne sera pas forcément clémente et vous allez passer un certain temps dehors. Ne serait-ce que pour les photos ! Évitez de porter votre manteau de tous les jours, qui pourrait gâcher l'harmonie de votre silhouette et privilégiez un boléro ou un châle bien chauds coordonnés à votre tenue.

106 Pour les autres accessoires, suggérez à votre homme la location. Inutile d'investir dans une paire de gants, une lavallière, des boutons de manchettes ou encore dans un haut-de-forme qui prendront la poussière dans son placard une fois la cérémonie passée.

107 Qu'il porte une jaquette ou un smoking, votre compagnon pourra utiliser un modèle classique de chaussures noires qu'il a forcément dans son dressing. En général, la jaquette appelle des chaussures mates, noires et à lacet. Pour accompagner un smoking, il prendra soin de lustrer ces mêmes chaussures afin d'en ressortir la brillance le matin de la cérémonie.

Une aumonière personnalisée

Amusez-vous à détourner une aumônière. Ce petit sac bourse à l'allure un peu sage peut devenir très mode en soignant juste quelques détails.

La réalisation

1 Collez en haut et tout autour de l'aumônière le ruban coloré.
2 Jetez en vrac les feutrines sur un côté de l'aumônière et collez-les à l'emplacement trouvé. De cette façon, vous aurez un effet naturel.
3 Répétez l'opération de chaque côté.
4 À l'aide du fil transparent, cousez à l'intérieur de chaque fleur en feutrine une perle de rocaille, pour une petite touche scintillante.

Les fournitures

Une aumônière blanche basique
Un ruban de 5 cm rose ou à impressions romantiques
Des petites fleurs en feutrine de différentes couleurs
1 petit sac de perles de rocaille
De la colle spéciale textile
Du fil transparent
Une paire de ciseaux

Quelques adresses

À LOUER

Sac d'un jour

La solution idéale pour toutes celles qui ne jurent que par le luxe et n'ont pas forcément les moyens de se le payer. Vous choisirez votre sac de mariage parmi les plus grands noms de la mode (Chloé, Dior, Fendi...). Location à partir d'une semaine.

www.sacdunjour.com

Feelchic

Un service identique de location de sacs avec la possibilité de l'acheter si vous n'arrivez plus à vous en séparer après la cérémonie.

www.feelchic.fr

STOCKS, BRADERIES ET MAGASINS D'USINE

Repetto

La ballerine culte, idéale pour un mariage, s'achète à prix doux au stock Repetto (collections précédentes). Une bonne adresse à se transmettre sous le manteau.

24, rue Châteaudun, 75009 Paris
Tél. : 01 53 32 84 84

André

La marque qui n'en finit pas de se renouveler et nous étonne à chaque collection. Guettez le blanc et profitez des réductions du stock.

24, bd Saint-Denis, 75010. Tél. 01 53 34 19 66

31, av des Gobelins, 75013. Tél. 01 55 43 05 74

Mistigriff

Un multimarque qui présente des accessoires et de la lingerie de marque dans la plupart des grandes villes.

À Lyon 04 78 62 62 17
À Marseille 04 91 32 62 00
À Toulouse 05 62 62 55 00

La Vallée

Un *outlet* qui regroupe un nombre impressionnant de marques à -33 % minimum du prix initial (Christian Lacroix, Kenzo, Céline...). À visiter absolument pour trouver l'indispensable accessoire.

3, cours de la Garonne, 77700 Serris
Tél. : 01 60 42 35 00
www.lavalleevillage.com

Braderie Aides

Deux événements par an (hiver/été) à ne pas manquer pour s'acheter à prix réduit des accessoires de grands créateurs. Et le tout pour la bonne cause ! Trouver les prochaines dates à Paris et à Marseille sur le site.

www.aides.org

SUR LE NET

De très bonnes affaires pour votre Jules : boutons de manchettes, chemises et chaussures à prix cassés !

www.ruedeshommes.com

Chic Folie

Des bijoux, des étoles et des sacs qui ont de l'allure et nous séduisent par leurs prix très attractifs. Une astuce : guettez régulièrement les nouveaux arrivages et achetez dès que vous avez un coup de cœur. Sinon, vous risqueriez de le regretter !

www.chicfolie.com

Destocknet

Un site qui regroupe les invendus et les surplus de différentes marques avec une bonne sélection de maroquinerie. De bonnes surprises vous y attendent.

www.destocknet.com

Marinamode

Une des plus grandes vendeuses d'Ebay passionnée de chaussures de luxe et qui les présente sur son site à petits prix. À consulter.

www.marinamode.com

Notes

8. Beauté

On ne veut pas vous mettre la pression, mais il faut tout de même regarder les choses en face : le jour J, tous les yeux seront braqués sur vous ! Un peu sur monsieur, mais nettement moins, soyons honnêtes... Sans oublier que vous serez mitraillée par les flashs des photographes professionnels et amateurs. Est-il donc utile de vous préciser que vous devez être impeccable et rayonnante ce jour-là ? Certes vous êtes splendide et votre futur époux vous aime déjà. Néanmoins, pourquoi ne pas profiter de cette journée magique pour vous sublimer ? Malheureusement, pour être belle, il faut aussi faire souffrir votre porte-monnaie. En effet, avec le maquillage, la coiffure, les soins du corps et l'épilation la facture peut monter très rapidement. Quelques astuces, recettes maison et bonnes adresses vous aideront à être magnifique et à donner le sourire à votre banquier !

108 Maquillage en solo : profitez des nombreuses démonstrations gratuites qui ont régulièrement lieu dans les grands magasins ou dans les enseignes spécialisées pour demander des conseils auprès des professionnels. Retenez leurs gestes et leurs astuces et entraînez-vous chez vous jusqu'au jour J.

109 Prenez des cours de maquillage à plusieurs et bénéficiez d'un tarif de groupe. Vos proches seront ravies, passeront un bon moment avec vous et pourront vous aider le grand jour venu.

Bon à savoir

Entre 150 et 200 € = fourchette moyenne pour être la plus belle le jour J.

110 Avant de signer avec un salon de coiffure, renseignez-vous sur les tarifs des essais (souvent obligatoires avant le grand jour), et comparez les prix.

111 Si vous avez choisi de porter des extensions, apportez les vôtres et demandez à votre coiffeur de les fixer.

112 Sélectionnez dans vos boutiques préférées quelques accessoires pour parfaire votre coiffure. Ils sont souvent moins chers que dans les salons ou les boutiques spécialisées dans le mariage. D'ailleurs, les professionnels ne verront aucun inconvénient à les glisser dans votre chevelure.

113 Pour retrouver la ligne et affichez des bras fins et musclés, inscrivez-vous à la piscine municipale. L'abonnement est peu coûteux et les efforts sont payants ! Si vous n'aimez pas faire des longueurs, pratiquez quelques exercices de gym aquatique et courez dans l'eau. Motivez une copine : c'est plus facile à deux !

114 Profitez des *training centers* (centres d'apprentissage) des grands coiffeurs. Confiez votre tête aux mains d'élèves expérimentés pour tester gratuitement ou à moindres frais différentes coiffures.

115 Conviez vos amies et témoins deux jours avant le grand jour et répartissez les rôles : l'une massera votre nuque nouée, une autre vous fera les ongles, d'autres vous épileront les jambes, les aisselles et les sourcils... Jouez à Venus Beauté !

116 Plusieurs semaines avant la réception, préparez votre peau à être plus douce et débarrassez-la des cellules mortes en lui offrant un gommage « fait maison ». Mélangez à votre crème lavante une cuiller de café moulu. Trois fois par semaine, frottez-vous avec cette mixture. Effet bluffant et peau lumineuse !

Agaïcha

Mon budget beauté était réduit au minimum, mais je voulais absolument m'offrir une jolie épilation avant mon départ en lune de miel. J'ai contacté une école d'esthétique non loin de chez moi. On m'a alors proposé de jouer aux cobayes pour les élèves. J'ai eu de la chance, je suis tombée sur une jeune fille très douce. Le soin m'a coûté un pourboire et elle a pu se faire la main... Tout le monde était content !

117 En cette période de stress, on se réveille souvent avec des cernes et d'affreuses poches sous les yeux. Il existe un remède miracle qui fait beaucoup rire, mais qui fonctionne mieux que certaines crèmes à 10 millions d'euros ! On applique généreusement sur ses poches une couche de... gel anti-hémorroïdes ! Sa formule permet de réactiver la circulation en un temps record.

118 Certaines grandes enseignes de la beauté proposent des *nail bars* ou des bars à sourcils. Pour quelques euros, offrez-vous une manucure express et faites-vous dessiner un nouveau regard.

119 Renseignez-vous régulièrement auprès des grands magasins qui proposent très souvent des opérations spéciales avec des marques partenaires. Vous pourrez ainsi vous faire maquiller, conseiller, coiffer ou masser aux frais de la princesse !

La mauvaise économie

Le jour de son mariage, on ne se maquille pas comme tous les jours. Vous aurez besoin d'un maquillage un peu plus fort qui tiendra toute la journée. Il en est de même avec la coiffure, d'où la nécessité de faire appel à des pros ou de s'être entraînée.

120 Pour éviter les jambes lourdes le jour J, prenez une douche fraîche avant de vous mettre au lit et terminez par un jet froid en remontant des pieds vers le cœur. En sortant, passez-vous un linge rempli de glaçons ou un sachet de légumes surgelés sur vos jambes et surélevez ces dernières grâce à deux oreillers avant de vous endormir.

Gommage visage « maison »

Les fournitures

Une cuiller à café de sel fin
Une cuiller à café de miel liquide
Un jus de citron
Un verre d'eau
Un petit bol
Une cuiller

Utilisez les produits de votre cuisine pour exfolier en douceur votre visage et votre cou. Pratiquez ces gestes régulièrement, mais surtout 48 heures avant la réception. Ce soin illumine la peau et la prépare à recevoir le maquillage le jour J.

La réalisation

1 Dans le petit bol, mélangez les ingrédients. Le citron est connu pour ses vertus astringentes, le miel apporte de la douceur et les minuscules cristaux de sels exfolient.

2 Ajoutez quelques gouttes d'eau si vous avez du mal à obtenir une pâte onctueuse.

3 Devant votre miroir et au-dessous de votre lavabo, appliquez cette mixture par gestes circulaires sur votre visage et votre décolleté.

4 Rincez à l'eau tiède et essuyez en tapotant avec une serviette. Vous voilà lumineuse !

Quelques adresses

COIFFURES : CENTRES DE TRAINING

Jean-Louis David

Internationalement connu, le coiffeur dispose de plusieurs training centers en France.

Tél. : 0 820 16 02 16

Académie Franck Provost International

L'enseigne que l'on trouve partout en France enseigne les rudiments du métier à ses élèves et attend des têtes à coiffer.

Tél. : 01 56 21 10 50

Institut européen de la coiffure

Confiez votre crinière aux apprentis de cette structure située à Toulouse.

Tél. : 05 61 29 85 28

Michel Devyn Academy

Trois adresses vous attendent à Paris, Lille et Lyon.

Tél. : 01 55 35 03 55

LES BARS DE BEAUTÉ

Sephora

La grande enseigne qu'on ne présente plus propose selon les boutiques différents services : manucure, maquillage, épilations des sourcils...

Tél. : 0 800 011 000

Printemps de la beauté

Le grand magasin est fier de son plus grand espace beauté d'Europe. De nombreux ateliers à découvrir.

Tél. : 01 42 82 42 42

Esthetic Center

Depuis peu, le spécialiste mondial de la beauté sans rendez-vous propose des soins du visage express et à prix mini.

www.esthetic-center.com

SOINS ESTHÉTIQUES

Body minute

Outre les épilations rapides, les esthéticiennes prodiguent des soins du corps, manucures, beauté des pieds, maquillage...

www.bodyminute.com

Be Colored

Pour des leçons de maquillage à domicile avec des amies, enseignées par une experte de la marque, spécialiste des peaux noires et mates.

Inscriptions : 01 53 57 90 27
www.becoloredparis.com

SUR INTERNET

Free Tonic

Des séances de gym de trente minutes. On choisit sa formule.

Séance : 3 €.

www.freetonic.com

hôtel
Plan de table

9. Les invités

Tout le monde rêve d'un grand mariage (200 personnes minimum). À moins d'avoir un père qui s'appelle Hilton, nous sommes nombreuses à ne pas pouvoir nous l'offrir. Dure réalité : il faut se résoudre à ne pas inviter tout son carnet d'adresses pour éviter d'être endettée jusqu'à la fin de ses jours. Déterminez donc avec le plus grand soin la liste d'invités, car chacun d'eux a son poids. Ce qui compte, c'est d'être entourée par les personnes que vous aimez vraiment. Ne vous embarrassez pas d'une collègue arrivée dans l'entreprise il y a quelques jours ou des partenaires de bridge de votre mère. Établissez une liste équilibrée entre famille et amis en cédant le moins possible aux différentes pressions. Dans cette affaire, la seule voix à écouter est celle de la raison (financière, bien sûr). Pour alléger le budget, décidez des invités qui seront juste conviés à l'un ou l'autre des événements de la journée. Une fois la liste dressée, vous pourrez réfléchir à la meilleure façon de les accueillir. Il s'agit de les chouchouter et de les remercier d'être présents le grand jour, sans forcément vous ruiner.

121 Faites le tri : ne vous sentez pas obligée d'inviter la terre entière. Réfléchissez de manière très pragmatique : 1 invité = tant d'euros ! Conviez ceux qui vous ont invitée à leur mariage et demandez à vos parents de n'inviter que six de leurs amis, grand maximum. Contentez-vous d'envoyez des faire-part aux personnes dont vous n'avez pas de nouvelles depuis deux ans et refusez poliment la présence des petits amis qui sont dans le PAI (Paysage amoureux de l'invitée) depuis moins de trois mois…

122 Conviez seulement les amis de vos jeunes frères et sœurs à la soirée dansante. Ils seront ravis de faire la fête avec vous.

Bon à savoir

600 € = prix moyen des dragées pour 100 invités
230 € = prix moyen des autres cadeaux
120 € = prix moyen des cartes de remerciements pour 100 invités

123 Si votre budget est vraiment serré, n'invitez pas les enfants. Prenez votre courage à deux mains pour annoncer la nouvelle aux parents. En général, ils n'apprécient pas de voir ainsi recalée leur progéniture. Expliquez leur avec tact vos contraintes financières. Vous pouvez aussi évoquer le fait que la plupart des invités n'ont pas d'enfants et que les leurs risqueraient de s'ennuyer. Un argument qu'ils savent bien entendre.

124 Si vous ne voulez pas vous lancer dans de trop longues explications, suivez cette astuce. Sur le faire-part, marquez « M. et Mme Untel » au lieu de « Famille Untel ». Le message devrait être assez clair.

125 Ménagez la susceptibilité des collègues avec lesquels vous entretenez de bons rapports : expliquez-leur que vous organisez un mariage en petit comité et proposez-leur de vous retrouver un soir après le travail pour partager une coupe de champagne avec quelques petits fours.

126 Pour l'hébergement des invités, négociez avec les hôteliers afin d'avoir des prix au rabais. Demandez aux directeurs d'hôtel, d'auberge et chambres d'hôtes de proposer un tarif préférentiel à vos invités si vous leur garantissez un certain taux de remplissage.

127 Pour le transport, mettez en contact toutes les personnes qui viennent de loin, afin qu'elles puissent s'organiser pour partager éventuellement les frais d'essence et de péages. Si elles viennent en avion et si elles sont nombreuses, conseillez-leur de négocier un tarif de groupe aérien ou ferroviaire.

Gloria

Je suis d'origine espagnole et une grande partie de ma famille vit encore à Barcelone. Je voulais absolument me marier en Bretagne, car c'est là que j'ai rencontré Erwann et que nous avons posé nos bagages. Pour accueillir ma famille et mes amis espagnols, j'ai réservé la totalité d'un gîte. Comme ils étaient trente, le patron m'a fait un prix très attractif. En arrivant dans leur chambre, ils ont chacun trouvé sur leur oreiller un petit bouquet de fleurs ainsi qu'un récapitulatif de la journée de mariage traduit en catalan. Je leur ai aussi offert le petit déjeuner. De petites attentions qui leur ont fait plaisir.

128 Si de nombreux invités ne sont pas motorisés et que la distance entre les différents lieux est importante, pensez à louer un car. Vous demanderez à chacun de cotiser afin de ne pas supporter ces frais. Plus besoin de vous angoisser pour celui ou celle qui ne manque jamais de s'égarer le jour d'un mariage.

129 Le jour du mariage, faites en sorte d'enchaîner les événements. Plusieurs heures ne doivent pas s'écouler entre la cérémonie civile et celle à l'église. Sinon, vous aller devoir combler ce creux pour les invités en les conviant chez vous ou dans un bar pour une légère collation, ce qui engendrerait encore des frais.

130 En guise de petit cadeau-souvenir, achetez des bougies blanches, vendues en vrac dans les magasins discount. Décorez-les avec des paillettes, des feuilles et entourez le pied de chacune d'entre elles d'un petit ruban de raphia naturel ou coloré. Le tour est joué !

La mauvaise économie

Ne faites pas l'impasse sur les remerciements. Que vos convives vous aient offert ou non un cadeau de mariage, il est indispensable de les remercier, ne serait-ce que de leur présence. Inutile de dépenser des fortunes ; un petit mot simple et sincère saura les toucher : par mail, téléphone ou courrier.

131 Autres idées de cadeaux pas chers : des boîtes d'allumettes, des stylos, des briquets que vous personnaliserez avec la date du mariage ou, plus kitsch, avec votre photo. D'accord, on ne baigne pas dans le luxe, mais ces cadeaux ont l'avantage d'être pratiques. Ils ne finiront pas au fond d'une poubelle, comme c'est souvent le cas.

132 Après le dîner, pensez à disposer sur les tables de grands bocaux contenant des confiseries. Vos invités prendront plaisir à ressortir les bonbons de leur enfance en plongeant leurs mains à l'intérieur. Une petite attention sympathique et peu coûteuse !

133 Il est d'usage d'organiser « un lendemain de mariage ». Il s'agit d'un déjeuner auquel on convie son cercle d'intimes le lendemain de la fête. Vous pouvez faire le choix de la simplicité en organisant chez vous un pique-nique très basique. Pour les plus petits budgets, il reste l'option du restaurant. Vous prendrez en charge les boissons et vos invités paieront leurs plats. À condition de ne pas leur réserver la surprise en les prévenant de ces conditions.

La mauvaise économie

Il ne faut jamais servir les restes du buffet lors du lendemain de mariage. Primo, pour des raisons d'hygiène : rien ne vous dit que la salade niçoise exposée à l'air pendant X heures n'a pas tourné. Il serait dommage de gâcher cette journée en tombant tous malades. Deuxio, vous n'appréciez jamais que l'on vous serve un plat « réchauffé » lorsque vous êtes invitée.

134 En général, les « mercis » suivent la cérémonie. Mais, pourquoi ne pas faire d'une pierre deux coups, en accompagnant les présents réservés aux invités le jour J d'une petite carte de remerciements coordonnée aux faire-part ? N'hésitez pas à personnaliser votre mot !

135 Vous n'êtes pas obligée de commander des cartons de remerciements, demandez à quelques enfants, présents le jour J, de faire un joli dessin de votre mariage et photocopiez-les en couleur ou scannez leurs œuvres. Faites-les ensuite parvenir par courrier ou par mail.

Un mobile de remerciements animé

Sortez de la traditionnelle carte de remerciements pour adopter un mobile personnel que vos invités pourront garder en guise de souvenir.

La réalisation

1. Faites un trou de chaque côté de la carte, à peu près au milieu.
2. Passez le ruban dans chaque trou, puis passez à la carte suivante jusqu'à obtenir un mobile.
3. Posez le mobile à plat. Collez les photos sur trois cartes. Appliquez les gommettes sur les deux autres.
4. Écrivez au feutre doré vos petits mots de remerciements.
5. Faites enfin une petite boucle à chaque extrémité du ruban et fixez-les avec une colle forte.

Les fournitures

5 petites cartes de papier coloré

1 ruban de 30 cm

Des photos scannées de votre mariage et de votre lune de miel

Des gommettes ou autocollants en forme d'étoiles...

Une perforatrice en forme de cœur (ou autre motif)

Un tube de colle

Un stylo feutre doré

Une paire de ciseaux

Quelques adresses

CADEAUX POUR LES INVITÉS

Dragées Adam

Une usine alsacienne spécialisée dans la confiserie et la fabrication de dragées.

Tél. : 03 89 49 31 35 / www.dragees-adam.fr

Magic Day

Des bons cadeaux que vos invités vous offrent pour assouvir vos envies et vous faire réellement plaisir avec un saut en parachute, des cours d'œnologie...

www.magicday.fr

Spaf ! Mariage

Des cadeaux à petits prix que vous pourrez personnaliser selon vos envies (boîtes d'allumettes, boîtes à cigarettes...).

Tél. : 04 91 27 24 80 / www.spafmariages.com

POUR LOGER LES INVITÉS

Auberges de jeunesse

Un hébergement astucieux et vraiment pas cher si vos invités sont déjà adhérents (cotisation annuelle obligatoire à partir de 10,70 €). Renseignements auprès de la Fédération des auberges de jeunesse,
Tél. : 01 48 04 70 40

Les gîtes de France

Une solution bon marché pour loger les invités. En les regroupant, vous créerez à coup sûr une bonne ambiance qui déteindra le jour J.

www.gites-de-france.com

DES LISTES DE MARIAGE À LEUR SUGGÉRER

Le Printemps à Deux

Une offre de cadeaux enrichie par des associations avec des marques telles que la Fnac, Conforama, Madélios...

Tél. : 01 42 82 50 00
www.printempsadeux.com

Les Galeries Lafayette

Ce grand magasin fait liste commune avec le BHV. Une bonne nouvelle pour les bricolos.

Tél. : 01 42 82 34 56
www.galerieslafayette.com

Le Bon Marché Rive Gauche

Une boutique de mariage qui propose une sélection de produits très chic aux futurs mariés.

Tél. : 01 44 39 80 00 / www.lebonmarche.fr

1001 Listes

Le service en ligne de liste de mariage que l'on ne présente plus avec ses nombreuses enseignes représentées : art de la table, déco, vin...

Tél. : 0 810 30 1001 / www.1001listes.fr

Ile Maurice
Venise
Australie
Brésil
Canada
Les Maldives

10. La lune de miel

Partir à deux au bout du monde sous les cocotiers et se regarder dans le blanc des yeux alors que le soleil se couche sur la mer... Une récompense bien méritée pour tous les jeunes mariés de la Terre, qui sortent souvent éreintés de leurs mois de préparatifs ! Mais voilà, le sable blanc, la mer turquoise et le décor de carte postale, cela représente un coût ! Entre le billet d'avion, les réservations d'hôtel, les repas sur place, les visas, le nouveau maillot de bain et les souvenirs à rapporter, vous risquez de rapidement boire le bouillon à défaut de plonger dans la grande bleue ! Fort heureusement, depuis quelques années, la plupart des voyagistes ont fait de gros efforts pour proposer des promotions régulières et des tarifs abordables. Si les offres vous paraissent toujours trop élevées, vous trouverez forcément la formule qui vous convient grâce à ces quelques astuces de globe-trotteuses !

136 Si vous n'avez pas besoin d'une soupière ou d'un nouveau canapé, pourquoi ne pas déposer sur votre liste de mariage une idée de voyage de noces ? Vous choisissez la destination, le voyagiste, le style de séjour et vos invités s'occupent du reste en versant une somme afin de financer votre périple.

137 Privilégiez les agences de voyages qui offrent des avantages aux jeunes mariés. Il est ainsi possible de payer moitié prix pour madame, de loger dans une suite nuptiale pour le prix d'une chambre standard, d'avoir une réduction en cas de prolongation du séjour, de siroter des cocktails et des douceurs offerts par l'hôtel...

Bon à savoir

Entre 3 000 et 4 000 € = fourchette moyenne d'un voyage de noces... À deux !

138 Vous n'avez pas le temps de partir dix jours ou votre portefeuille fait grise mine ? Un long week-end en amoureux dans une capitale européenne de trois jours peut être une solution. Pourquoi pas non plus un séjour en hôtel de charme dans une région française que vous ne connaissez pas très bien ?

139 Lancez-vous dans l'aventure avec l'échange de maisons. Troquez votre deux pièces parisien ou votre cabanon marseillais pour une villa de rêve en Grèce ou en Californie. Vous n'aurez qu'à payer le prix du vol ! Tout le monde est gagnant.

140 Vous avez l'esprit ouvert et aimez les surprises ? Alors, traquez sur Internet la promotion de dernière minute et envolez-vous vers une destination inconnue à moindre coût !

141 Par sécurité et pour éviter toute annulation de voyage pour cause de conflit ou d'épidémie dans un pays, consultez la liste des destinations déconseillées par le ministère des Affaires étrangères : www.diplomatie.gouv.fr

142 Décidément, il n'y a rien à faire : vous n'avez ni le temps ni l'argent de vous envoler vers une contrée lointaine. Offrez-vous au moins une nuit dans un hôtel de charme de votre ville avec un somptueux petit déjeuner au lit et partez à la découverte de votre commune avec visites de musées, concert, pièce de théâtre, balade sur les bords de la rivière, pique-nique dans un parc.

143 Oubliez les vacances scolaires, les week-ends fériés pour partir. À cette période, les prix s'envolent et vous risquez de rester sur le tarmac.

144 Avant de prendre votre carte d'embarquement, signalez à l'hôtesse que vous êtes en lune de miel : livret de famille à l'appui. Elle pourrait vous surclasser et vous faire voyager en première !

La mauvaise économie

Si une assurance annulation vous est proposée : prenez-la. Vous êtes optimiste et pensez que rien ne peut vous arriver ? On ne sait jamais. En cas de pépin, cette petite économie de 100 euros pourrait vous coûter très cher !

145 Participez à tous les jeux-concours qui peuvent proposer un voyage à la clé ! Multipliez vos chances en répondant aux questionnaires quelques mois avant votre mariage, histoire d'utiliser vos deux noms !

146 Certaines destinations, notamment en Asie, possèdent une hôtellerie de grande qualité à petits prix. Réservez alors uniquement le billet d'avion et déclinez les « packages » avec nuits comprises. Découvrez ainsi vous-même de bonnes adresses à des prix très intéressants.

147 La plupart des voyagistes et des hôteliers proposent des tarifs plus intéressants à condition que les clients passent la nuit du samedi sur place, afin de remplir leurs chambres souvent désertées le week-end par leur clientèle d'affaires.

Sophie

Pierre et moi venions d'acheter un appartement et les finances étaient trop serrées pour envisager un grand voyage. Un soir, j'ai découvert la maison transformée : des photophores jonchaient le sol, de l'encens brûlait, une douce musique venue du Maghreb avait envahi la pièce et mon chéri m'avait préparé des plats marocains. Le lendemain, nous sommes allés au hammam. Avec lui, je n'ai pas eu besoin de traverser des océans pour m'évader !

148 Renseignez-vous sur les différentes cartes qui proposent des réductions ou des promotions. Ainsi, certaines cartes bancaires proposent à leurs clients de gagner des points à chaque achat effectué. Vous pourrez alors peut-être les transformer en billets d'avion !

149 Évitez de choisir des horaires d'avion pratiques. De cette manière, votre billet sera moins cher : si vous partez très (trop) tôt le matin et rentrez très tard le soir ! Profitez d'avoir un peu de temps pour vous pour voyager dans le sens contraire des habitudes de la majorité de la population.

150 Ne négligez pas votre comité d'entreprise qui peut vous proposer des locations ou des séjours à prix extrêmement intéressants.

J'apprends à faire ma valise
Les dix commandements pour ne rien oublier !

1- Une liste je ferai !

C'est fou comme cela peut vous faire gagner du temps. Rédigez les choses indispensables à emporter : vêtements, médicaments (et ordonnances), produits de beauté, chaussures...

2- Avec soin mon bagage je ferai.

De préférence dure, solide et avec un cadenas qui ferme avec un code. Privilégiez aussi les roulettes pour éviter de vous casser le dos dès l'aéroport. Évitez les valises noires ou grises et différenciez-la avec un sticker de couleur, cela facilite le repérage sur le tapis roulant.

3- Mes coordonnées j'indiquerai.

Pas seulement à l'intérieur de la valise ! Collez une jolie étiquette plastifiée avec noms, numéro de téléphone international (00 33 (0) + votre numéro) et adresse e-mail.

4- Un sac en rab je glisserai.

Plié, il ne prend pas de place et vous permettra de rapporter linge sale, cadeaux et autres souvenirs. Vous ne regretterez jamais de l'avoir « embarqué ».

5- Mes produits de beauté je transvaserai.

Retirez les emballages trop volumineux et remplissez des petits flacons de shampoing, de gel douche. Mieux encore ! Ne partez qu'avec des échantillons.

6- Mes devises et mes papiers, je disperserai.

Ne mettez pas tout au même endroit. Un peu d'argent dans une pochette de la valise, d'autres billets avec vous en cabine. Gardez les photocopies de votre passeport et de votre billet retour dans votre bagage qui part en soute. Les originaux avec vous.

7- Logique, je serai.

Pour ne rien oublier, commencez par les pieds pour remonter vers la tête : chaussettes, chaussures jusqu'au chapeau !

8- Maniaque, je pourrai me montrer.

Pliez vos vêtements dans des sacs en plastique ou glissez entre chaque couche d'habits une feuille de papier de soie. Ainsi, vous éviterez de découvrir votre superbe chemise en lin totalement froissée.

9- Les règles de sécurité je respecterai.

Afin d'éviter toute séparation douloureuse avec votre parfum préféré avant de monter dans l'avion, mettez tous vos produits liquides et tous vos objets coupants en soute.

10- Prévoyante, je serai.

Un bagage peut toujours se perdre. Pensez à glisser dans votre sac en cabine de quoi tenir une nuit : lingerie de rechange, lingettes démaquillantes, déodorantes, brosse à dents...

Quelques adresses

ÉCHANGES DE MAISON

Domus 2 Domus

Un service gratuit qui met en relation les personnes qui souhaitent troquer leur maison en France pour une autre à l'étranger.

www.domus2domus.com

Home For exchange

Nécessaire de parler anglais mais de très nombreuses propositions pour de très grandes maisons même contre un studio... avec vue sur la tour Eiffel !

www.homeforexchange.com

LES GRANDS NOMS DÉGRIFFÉS

Le Club Med

Les séjours invendus à prix défiant toute concurrence sont consultables le vendredi matin, mais on ne peut les réserver que le lundi, à partir de 9 heures.

Tél. : 08 200 200 08
www.clubmed.fr

Nouvelles Frontières

Attention, départ à prévoir dans les dix jours pour des réductions pouvant aller jusqu'à 40 % ! À savoir : système d'enchères pour bénéficier d'une ristourne de –75 % sur un séjour.

Tél. : 0 825 000 747
www.nouvelles-frontieres.com

SITES SPÉCIALISÉS DE PROMOTIONS

Last minute

Pour des séjours, des hôtels, des billets d'avion en France et à l'étranger.

Tél. : 0 899 78 5000
www.lastminute.com

Voyage privé

Un club qui fonctionne sous forme de parrainage. Vous avez ainsi accès à des offres de voyages haut de gamme avec des rabais pouvant aller jusqu'à –70 %.
Pas de souci : nous vous parrainons !
Il suffit d'indiquer le mail suivant au moment de votre inscription :
organisersonmariage@voyageprive.com

www.voyageprive.com

Weekenddesk.fr

Idéal pour choisir un séjour court ou un week-end selon des thèmes : bien-être, aventure, gastronomie...

Tél. : 0 820 821 092 / www.weekenddesk.fr

Croisière Sélection

Une lune de miel à bord d'un navire et aux meilleurs prix.

Tél. : 0 805 65 1001
www.croisiere-selection.com

Liligo

Pour comparer tous les tarifs des différentes compagnies aériennes en temps réel.

www.liligo.fr

EXOTISME À CÔTÉ DE CHEZ SOI

Montozarbres

Pour dormir dans une cabane perchée dans un arbre.

Tél. : 04 68 22 43 55
www.montozarbres.com

Yourte and breakfast

Un petit air de Mongolie sans aller trop loin !

Tél. : 01 43 54 77 04 / www.yourte.com

Annexes

Qui paie quoi ?

Même si vous êtes des adultes responsables et que vous avez des comptes en banque bien fournis, vous apprécierez le petit coup de pouce que votre entourage sera ravi de vous donner. Bien sûr, il ne s'agit pas de demander des aides en pagaille ou d'assouvir des fantasmes farfelus. Faites très honnêtement le point sur vos besoins financiers et répartissez-les entre les deux familles. Vous pouvez le faire à égalité ou au prorata du nombre d'invités de chacune. Sachez qu'il n'y a aucune règle en la matière et qu'il faut avant tout tenir compte des capacités financières de vos familles, pour ne pas trop les étrangler ou qu'elles ne se sentent mises à l'écart. Une répartition traditionnelle des dépenses entre les deux familles perdure. Libre à vous de vous en inspirer.

La famille de la mariée

- La robe de la mariée
- Les tenues du cortège
- Les faire-part

- Les frais de réception (traiteur, salle...)
- La location du véhicule des mariés
- Le photographe et/ou vidéaste
- La décoration florale
- L'animation (musiciens, danseurs...)
- Les cadeaux aux témoins
- L'accueil de ses invités

La famille du marié

- Les alliances et la bague de fiançailles
- La tenue du marié
- Le don au célébrant
- Le bouquet de la mariée
- Les tenues des témoins
- La nuit de noces
- Le voyage de noces, s'il n'est pas déposé sur la liste de mariage
- L'accueil de ses invités

Un Wedding planner : vraie ou fausse économie ?

Pro de l'organisation, un *wedding planner* est une personne qui prend en charge la mise en place de votre mariage de A à Z ou seulement d'une partie.

Si près de 80 % des Américains ont recours depuis longtemps à ce style de service, les Français sont restés longtemps assez frileux, préférant s'occuper eux-mêmes des préparatifs du Jour J. Cependant, on remarque, depuis trois ans, une augmentation du nombre de futurs époux qui appellent à la rescousse cette bonne fée du mariage.

Il est vrai que derrière ses airs de magicien, se cache un grand spécialiste de l'événementiel et notamment de réceptions de mariages. Habitué à gérer les petits soucis des uns, les idées farfelues des autres et les relations avec les prestataires, le *wedding planner* semble avoir réponse à tout.

C'est d ailleurs les raisons pour lesquelles ses prestations sont forcément payantes ! Elles représentent généralement entre 15 à 20 % du coût total du mariage.

Hormis le fait que cette option vous permet de profiter pleinement de votre grand jour sans avoir à vous soucier de son organisation, en quoi ce service peut-il représenter une économie alors qu'il correspond à une dépense à ajouter à votre budget ?

- Parce qu'un *wedding planner* possède un carnet d'adresses en or qui lui permet de négocier des rabais intéressants : location de salle, traiteurs, fleuristes, décorateurs, couturiers...
- Parce qu'un *wedding planner* s'occupe de relancer les prestataires. Votre facture de téléphone en sera allégée !
- Parce qu'un *wedding planner* visite à votre place les éventuels lieux de réception et vous évite ainsi de payer des frais de déplacement.
- Parce que le temps, c'est de l'argent et grâce à la qualité de travail d'un *wedding planner*, vous en gagnerez beaucoup !

Mais attention, cette option représente tout de même un coût non négligeable et si votre budget est plutôt serré, il n'est vraiment pas utile de faire appel à ce professionnel.

Remerciements

Inès

À toute ma famille et aux deux hommes de ma vie.

Marina

À Shelley dont l'amour n'a pas de prix.

Conception maquette et mise en page : Istria

IMPRESSION, BROCHAGE

imprimerie
CHIRAT

42540 ST-JUST-LA-PENDUE
DÉPÔT LÉGAL : DÉCEMBRE 2007
N° d'imprimeur : 7796

Cet cuvrage est imprimé, pour l'intérieur et la couverture, sur de l'Hannoart silk
fabriqué par SAPPI et distribué par Papeteries de France.

Papier fabriqué à partir de bois issus de forêts gérées durablement

Imprimé en France